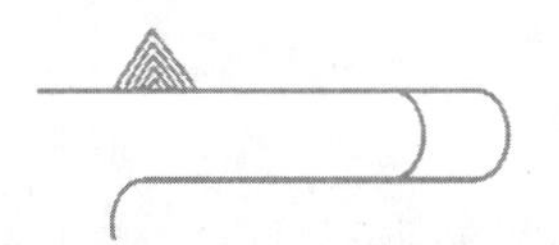

中医药走向世界研究

——从“一带一路”再出发

程　勇　石　云　蔡铁明——著

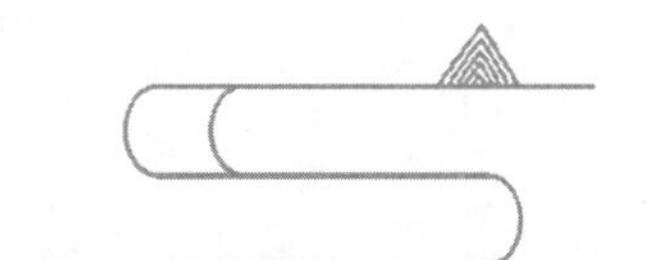

上海科学技术出版社

图书在版编目（CIP）数据

中医药走向世界研究 ：从“一带一路”再出发 / 程勇，石云，蔡轶明著. -- 上海 ：上海科学技术出版社，2022.8
ISBN 978-7-5478-5773-1

Ⅰ. ①中… Ⅱ. ①程… ②石… ③蔡… Ⅲ. ①中国医药学－制药工业－国际化－研究－中国 Ⅳ. ①F125

中国版本图书馆CIP数据核字(2022)第135912号

中医药走向世界研究
——从“一带一路”再出发
程　勇　石　云　蔡轶明　著

上海世纪出版(集团)有限公司
上 海 科 学 技 术 出 版 社　出版、发行
(上海市闵行区号景路159弄A座9F-10F)
邮政编码201101　www.sstp.cn
浙江新华印刷技术有限公司印刷
开本 787×1092　1/16　印张 10.75
字数 110千字
2022年8月第1版　2022年8月第1次印刷
ISBN 978-7-5478-5773-1 / R·2539
定价：128.00元

内容提要

促进中医药走向世界，是为了让优质的中医药健康服务造福全人类，让世界共享中华文明成果。中医药的海外传播最早可追溯到秦汉以前，近代特别是20世纪70年代以来呈明显增加趋势。当前，中医药国际化发展既有难得的历史性机遇，同时也面临新的挑战。

本书从宏观层面分析了丝绸之路与中医药的历史渊源、中医药在“一带一路”建设中的地位作用和建设进展、中医药国际化发展模式等，并结合实证研究和中医药海外中心建设、中医药在国外疫情中的应用分析，提出了依托“一带一路”谋划中医药走向世界新思路。

本书可供中医药政策研究者、政府工作人员、中医临床与科研工作者、中医院校师生参考阅读。

前言

中医药的海外传播最早可追溯到秦汉以前[1, 2]，隋唐时期开始逐渐体系化、规范化，至宋金元时期，中药、针灸等已作为完整的系统向海外传播[3]。早期的传播路径主要有传统的丝绸之路和海上丝绸之路，影响力由近及远依次递减[4, 5]。欧洲人接触中医从17、18世纪开始，主要由学习了中医的日本医生及欧洲传教士传入[6, 7]。近代以来，随着国际间交往的深入和华人向世界各地流动，中医药在国外的传播明显增加。

促进中医药走向世界，是为了让优质的中医药健康服务造福全人类，让世界共享中华文明成果。目前，中医药已经传播到了183个国家和地区，世界卫生组织的会员国中有103个认可并使用针灸[8]。但既往以欧美发达国家为主攻方向、以针灸为先导、瞄准中医药国际标准，并致力于打入国际主流药品市场的中医药国际化发展策略，在短期内还难以获得突破性进展。有必要按照先易后难、先近后远的策略，在拥有更多华人基础、历史渊源、基本共识的区域优先发展。

出版《中医药走向世界研究——从“一带一路”再出发》一书，即是为了从中医药国际化发展的现状出发，充分利用“一带一路”与中医药的历史渊源和现实需求，促进中医药走向世界。不仅在理论上进一步完善中医药国际化研究，并且明确依托“一带一路”促进中医药走向世界的定位、重点和目标等，为制定发展规划提供依据，为进一步的深入研究提供基础。

本书由上海市中医文献馆长期从事中医药发展研究的3位专家，在有关中医药走向世界研究重点项目的基础上编写而成。全书共分8章，从宏观层面分析了丝绸之路与中医药的历史渊源、中医药在“一带一路”建设中的地位作用和实施进展、中医药国际化发展模式等，并结合实证研究，提出了依托“一带一路”谋划中医药走向世界新思路。在本书编写过程中，得到了有关领导和专家学者的关

心和支持，谨在此深表谢意。

中医药国际化发展研究涉及范围广泛，依托“一带一路”促进中医药走向世界研究也属于初步探索。限于篇幅和作者自身的能力、见识，本书难免存在疏漏和不足之处，欢迎读者提出宝贵的意见和建议。希望本书能够成为中医药国际化发展理论和实践工作的重要参考，为加快促进中医药走向世界发挥积极作用。

编　者

2022 年 2 月

［1］耿鉴庭．中外医药交流的一些史实［J］．中医杂志，1958，（3）：209–213.

［2］马达．历史上中医中药在越南的传播和影响［J］．医学与哲学（人文社会医学版），2008，29（3）：61–62.

［3］刘国伟，左宁．中医海外传播史特点分析［J］．中医临床研究，2014，6（15）：1–5.

［4］杜石然．历史上的中药在海外［J］．自然科学史研究，1990，9（1）：78–90.

［5］王棣．海上丝绸之路与中药外传：宋代中药海道外传路线考述［J］．广东社会科学，1992（2）：75–79.

［6］Volker Seheid．欧洲的中医药发展史、现状及存在的问题［J］．国外医学中医中药分册，1994，16（4）：12–15.

［7］张西平．卜弥格与中医的西传［J］．北京行政学院学报，2012（4）：123–128.

［8］中华人民共和国国务院新闻办公室．中国的中医药［R］．2016.

目录

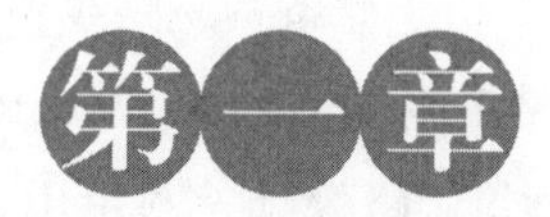

丝绸之路与中医药的历史渊源

传统“丝绸之路”是历史上横贯欧亚大陆的贸易交通线，形成于公元前2世纪至公元1世纪，直到16世纪仍然保留使用，是一条东方与西方之间进行经济、政治、文化交流的主要道路。由于此条贸易路线中输出的商品以丝绸最具代表性，因此德国的地理学家李希霍芬（Ferdinand von Richthofen）在19世纪下半期将这条陆上交通路线称为“丝绸之路”，此名称沿用至今[1]。

丝绸之路最早起源于先秦时期，其雏形是东西方之间因玉石、金银器等物品交流而形成的“玉石之路”[2]。西汉时期，张骞出使西域开通了丝绸之路的基本干道——“西北丝绸之路”。而早在汉武帝时期就提出要开辟的“西南丝绸之路”，直至东汉时期才全线畅通。此外，东汉时期的班超进一步西使大秦国（罗马帝国），将丝绸之路拓展到欧洲地区。隋朝时期，以张掖为贸易中心，中西方的交流和贸易往来得到进一步的发展。唐朝时期，由于国力强盛、疆域开辟、京杭大运河通航等原因，丝绸之路上的贸易和交流达到顶峰阶段。宋元以后，受海上丝绸之路逐渐繁荣、发展的影响，陆上丝绸之路开始衰落，但其沟通中西方的作用始终在发挥。

海上丝绸之路形成于秦汉时期，是指古代中国和世界其他地区开展经济文化交流交往的海上通道。《汉书·地理志》中有关于中外海路交流的记录。唐朝中后期陆上丝绸之路受阻后，海上丝绸之路得到迅速发展，并逐渐取代陆路成为中外贸易交流主通道。宋元时期，伴随着航海、造船技术的提高，中国开辟了广州、泉州、宁波这三个主要对外贸易港口，海上丝绸之路的贸易交流活动达到顶峰。中国在明朝后期和清朝实行海禁政策后，海上丝绸之路的发展受到制约，逐渐走向衰落[3]。

古代丝绸之路作为连接亚非欧的重要贸易通道，在商业贸易、文化交流等方面发挥着重要的作用。而中医药既是中外贸易交流的重要物资，又是中国传统文化的重要组成部分，因此中医药与丝绸之路的历史渊源十分深厚。

[1] 刘进宝．东方学视野下的“丝绸之路”[J]. 清华大学学报（哲学社会科学版），2015，30（4）：64-71.

[2] 叶舒宪．“丝绸之路”前身为“玉石之路”[N]. 中国社会科学报，2013-03-08（424）.

[3] 李金明．中国古代海上丝绸之路的发展与变迁[J]. 新东方，2015（1）：10-15.

第一节　不同历史时期的中医药传播概况

一、秦汉时期

对秦汉时期中医药传播的研究，地理范围主要涉及中国疆域及周边地区，包括对越南、朝鲜和中国境内古丝绸之路沿线区域；研究方法以古文献研究和考古研究为主；内容涉及中医典籍、针灸、中药、医疗器具等。马达[1]、孔卓瑶等[2]研究表明秦代中医已经传入越南：公元前257年，崔伟所著医书《公余集记》已经在越南流传；公元2世纪末，《内经》《伤寒论》等中医书籍传到朝鲜。范新俊[3]对敦煌出土的汉代医药遗物研究认为，自汉时中医已经传入西域地区；马继兴[4]对考古资料研究认为从汉代开始针灸已沿中国境内丝绸之路传播，刘文先等[5]通过对维吾尔医学发展史的研究，把针灸传播时间确定在西汉。蔡捷恩[6]研究认为公元前后的两汉时期，东西方已有植物药方面的贸易，肉桂（*cinnamomum cassia*）和姜（*zingiber officinale*）等植物从中国传到欧洲。

二、魏晋南北朝时期

对魏晋南北朝时期中医药传播的研究，主要集中在医学文书的传播方面，特点是向西传播中医文献资料较为分散，向东传播的医学典籍保存完整；涉及区域西至中国新疆，东至日本。林梅村[7]对楼兰尼雅出土文书研究认为，魏晋时期中

[1] 马达.历史上中医中药在越南的传播和影响［J］.医学与哲学：人文社会医学版，2008，29（3）：61-62.
[2] 孔卓瑶，张宗明.中国古代医药文献对外传播及其影响［J］.医学与哲学，2015，36（1）：86-89.
[3] 范新俊.从敦煌遗物看汉代医药文化之西传［J］.上海中医药杂志，1991（1）：36-37.
[4] 马继兴.敦煌古医籍考释［M］.南昌：江西科学技术出版社，1988：458.
[5] 刘文先，高振，努尔买买提·艾买提，等，四大文明推动和东西方医学综合影响下的兼容并蓄发展——维吾尔医学发展之二［J］.新疆医科大学学报，2016，39（7）：811-815.
[6] 蔡捷恩.中草药传欧述略［J］.中国科技史料，1994，15（2）：3-12.
[7] 林梅村.楼兰尼雅出土文书［M］.北京：文物出版社，1985：61.

医医方与医疗文书已传播到新疆楼兰。李征[1]通过对新疆吐鲁番地区墓葬考古研究，认为至迟在唐永徽二年（651年），甚至隋唐之前，针灸典籍已传入吐鲁番。韩人金斗锺[2]考证认为，在中国两晋、南北朝时期，针灸传入朝鲜半岛。李炯镇等[3]研究认为，公元561年，南北朝时吴（今属江苏苏州）人知聪携带了医书《明堂经——明堂孔穴图》《黄帝针经》等到高句丽、日本。

三、隋唐时期

对隋唐时期中医药传播的研究，主要集中在中医技术和药物的西传与中医典籍和医事制度的东传；特点是中医向西传播范围逐渐扩大，向东传播逐渐深化，向南传播范围扩大。朱德明[4]对中非医学交流的研究认为，隋唐时期中药向国外输出，有些辗转进入非洲；这一时期埃及医生乐于使用中药，尤其青睐麝香和大黄。宋大仁[5]对中国–阿拉伯医学交流的研究认为，中国炼丹术于公元8世纪或9世纪传入阿拉伯地区。白恒慧[6]研究表明，朝鲜医学制度仿效隋唐，设医学，置医博士，以中国的医书为范本，用《素问》《难经》《针灸甲乙经》《本草经》等著作作为教材教授学生。厉景辉等[7]通过对宋以前中日医学交流的研究，认为隋唐中日医学交流迅速发展，公元7世纪末至8世纪，日本派留学生来中国直接学习中医学，中医系统化向日本传播。留唐医生回国后，结合日本国情，逐渐形成本国的医官、医药等制度，颁布《大宝律令·医疾令》。大宝令中规定：中务省设正、佑、令使、侍医、药生等官职，宫内省则设医师、医博士、医生、针师、针博士、针生、按摩师、按摩生、药园士、药园生。戴铭等[8]认为中国与印尼传

[1] 李征.吐鲁番县阿斯塔那–哈拉和卓古墓群发掘简报（1963—1965）[J].文物，1973（10）：7–27，82.
[2] 金斗锺.韩国医学史[M].首尔：探究堂，1990：26–27.
[3] 李炯镇，田明秀，符利锋.浅谈韩国针灸发展史[J].上海针灸杂志，2013，32（5）：420–422.
[4] 朱德明.古代中国和非洲的医药交流[J].中华医史杂志，1997，27（2）：105–108.
[5] 宋大仁.中国和阿拉伯的医药交流[J].历史研究，1959（1）：79–89.
[6] 白恒慧.浅谈古代中外医学交流情况[J].中国民族医药杂志，2012（9）：59–60.
[7] 厉景辉，王俊英.宋以前中日两国的医学交流[J].吉林师范学院学报，1995（2）；49–50.
[8] 戴铭，夏琰，艾军.唐宋元明时期中国与印度尼西亚的传统医药交流[J].中医学报，2011，26（2）：254–256.

统医学交流始于唐朝。

四、宋元时期

对宋元时期中医对外传播的研究，主要集中在经贸往来、医学典籍和中医技术，尤其是对《医典》和《唐苏克拉玛》的研究较深入，以中药和脉学为主要研究内容；这一时期中医传播的范围向西进一步扩大至欧洲。李德杏[1]认为宋元时期中外医药交流的方式呈现多样化，通过派遣使节贸易通商、医人往来、战争、宗教传播等方式，中医药知识大量传入国外。王棣[2, 3]认为宋代“陆上丝绸之路”被阻绝，中医的外传主要是通过“海上丝绸之路”与印度洋沿岸的印度、阿拉伯及东非地区传播，中国的医药学知识、书籍和药物传入印度洋沿岸各国，为当地医药界广泛吸纳,促进了阿拉伯医学乃至欧洲医学的发展。李应存等[4]对《神仙方论》研究表明宋元时期中医对西夏影响较大。宋大仁[5]研究认为中国炼丹术12世纪传入欧洲。马达[6]研究认为，元代越南仿照中国建立医疗制度和机构。

宋元时期对《医典》的相关研究较为丰富，涉及药物学、诊疗方法、脉学等。药物学研究方面：弗兰克等[7]对《医典》阿拉伯原文版研究表明，阿维森纳明确指出其所记载的760种药物中，来自中国的有17味，如细辛、桂枝、肉桂、姜黄（原文“中国树”）等。诊疗方法方面：宋大仁[8]研究认为，中医的诊断方法如脉象名称、糖尿病患者的尿甜，认识循衣摸床是凶候等；治疗技术方面，如

[1] 李德杏．宋元时期中外医药交流的方式及特点研究［J］. 山东中医药大学学报，2009，2（5）：411–412，416.

[2] 王棣．宋代中国与印度洋沿岸各国的医药文化交流［J］. 华南师范大学学报（社会科学版），1992，2（3）：74–79.

[3] 王棣．宋代“海上丝绸之路”上的中药外传［J］. 中国中药杂志，1993（10）：634–637.

[4] 李应存，李金田，史正刚．俄罗斯藏黑水城医药文献《神仙方论》录释［J］. 2008，21（9）：18–20.

[5] 宋大仁．中国和阿拉伯的医药交流［J］. 历史研究，1959（1）：79–85.

[6] 马达．历史上中医中药在越南的传播和影响［J］. 医学与哲学：人文社会医学版，2008，29（3）：61–62.

[7] Klein FF, Ming Z, Qi D. The passage of Chinese medicine to the west［J］. Am J Chin Med, 2001, 29（3–4）: 559–565.

[8] 宋大仁．中国和阿拉伯的医药交流［J］. 历史研究，1959（1）：85–89.

用烧灼法治疯狗咬伤、灌肠术、吸角法，均被《医典》吸收。脉学研究方面：范行准[1]早在20世纪50年代研究中认为，阿维森纳的脉学分类非常精细，多至48种，其中有35种跟王叔和的《脉经》是相同的。这一说法被后来的很多研究所引用,但对此观点并不完全赞同。朱明等[2]对《医典》的研究,认为《医典》第一部“脉论”中记载的脉象共有19种，但阿维森纳在《医典》中并未提及其脉学体系的来源或师承。通过中、阿和盖仑脉学的分析比较，发现阿维森纳的脉学与盖仑脉学机械组合的复合脉不同，其特点更接近于中国脉学体系。而洪梅等[3]通过对《医典》的考证，认为通常所说《医典》中有35种脉象与中医相同的说法不成立，只能说其中部分脉相似或者相同,《医典》脉诊同中医脉诊并没有直接的关系，而与盖仑脉诊关系更密切。

《唐苏克拉玛》是14世纪系统介绍中国医学的西方典籍。侯冠辉[4]对《伊儿汗的中国科学宝藏》的研究认为，波斯国的学者兼医家拉什德·阿尔哈姆达尼（1247—1318）主持编纂了这部中国医学百科全书，并系统地将中医药学介绍给阿拉伯诸国及西方国家，对中医药学的传播起到了一定作用。朱明等[2, 5]通过对《唐苏克拉玛》残本文字内容鉴定的研究，认为该残本的文字内容鉴定工作取得进展——确定为中国宋元时期所流行的《脉诀》的注译本，而非晋代王叔和的《脉经》；把中国医学向西方传播的实证阶段推进到公元14世纪初，即中国元代。

五、明清时期

对明清时期中医药传播的研究，主要集中在中药和诊疗技术的传播，尤其是中医人痘技术的传播；这一时期中医药直接传入非洲、欧洲，并在东南亚广泛传

[1] 范行准．中国与阿拉伯医学交流史实［J］. 医史杂志，1955，4（2）：62.
[2] 朱明，王伟东．中医西传的历史脉络——阿维森纳《医典》之研究［J］. 北京中医药大学学报，2004，27（1）：18-20.
[3] 洪梅，陈家旭．阿维森纳《医典》中脉诊与中医脉诊关系的澄清［J］. 中华医史杂志．2005，35（3）：183-186.
[4] 侯冠辉．大秦景教在中国的传播与中西方医药交流［D］. 北京：中央民族大学，2006：75.
[5] 朱明，弗兰克，戴琪．最早的中医西传波斯文译本——唐苏克拉玛［J］. 北京中医药大学学报，2000，23（2）：8-11.

播。朱德明[1]研究认为明代中医药学直接输入非洲。李新烽[2]在非洲的考察证实，中医确实随郑和海船传播到东非，并在当地流传至今。侯冠辉[3]认为明代中国的人痘接种术传到阿拉伯地区，并由阿拉伯传播到欧洲，为世界人民防治和消灭天花做出了巨大的贡献，同时也为现代免疫学的形成奠定了基础。陈鸿能[4]研究表明，明清时期，亚细安六国和中国朝廷的往来更密切，民间贸易和医药开始大量交流，促成了亚细安地区中医学的产生与发展。明清之际波兰人卜弥格[5]将中医药介绍给欧洲。孔卓瑶等[6]的研究表明，中医文献在明清之际传入欧洲，并引起欧洲人兴趣。18 世纪初到鸦片战争期间欧洲出版、研究中医药的书籍约 60 种，其中法国多达 22 种。蔡捷恩[7]研究表明，明清时期（15—19 世纪），当归、黄连、冬虫夏草、三七、藤黄、黄芩和阿胶等中药从中国出口，广泛传到欧洲各国。

第二节 影响中医药对外传播的因素

几千年来，中医的传播不是单一因素在起作用，而是多种因素共同影响下的结果。徐彦[8]根据语言接触理论，以维吾尔语药物外来词为研究对象，认为政治联系、经贸往来、战争征服、宗教影响等因素对中医和波斯医学交流产生影响。沈劼[9]对中国和阿拉伯医学交流的研究认为经济文化的繁荣、科技的进步是促进中–阿医药交流的基础；东西方交通的畅通是中–阿医药交流的必要条件；开放的

[1] 朱德明．古代中国和非洲的医药交流［J］．中华医史杂志，1997，27（2）：105–108.
[2] 李新烽．郑和与非洲［M］．北京：中国社会出版社，2012：234.
[3] 侯冠辉．大秦景教在中国的传播与中西方医药交流［D］．北京：中央民族大学，2006：75.
[4] 陈鸿能．中国与亚细安区域的医药交流［J］．中华医史杂志，1996，26（1）：43–49.
[5] 卜弥格．卜弥格文集——中西文化交流与中医西传［M］．上海：华东师范大学出版社，2013：297–486.
[6] 孔卓瑶，张宗明．中国古代医药文献对外传播及其影响［J］．医学与哲学，2015，36（1）：86–89.
[7] 蔡捷恩．中草药传欧述略［J］．中国科技史料，1994，15（2）：3–12.
[8] 徐彦．中国与波斯医文化交流研究［J］．求索，2011（12）：66–68.
[9] 沈劼．唐宋元时期中国与阿拉伯国家的医药交流［J］．南京中医药大学学报（社会科学版），2004，5（2）：86–89.

跨文化传统的交流方式是中-阿医药交流空前兴盛的决定因素。

一、宗教因素

于业礼等[1]对魏晋楼兰出土文书“南斗主血，北斗主创”考证，认为这是一首源于道教医学的咒禁方，表明当时道教对医学的传播起到了一定的作用。侯冠辉[2]认为，大秦景教因为素有“以医传道之例”，景教徒们在把欧洲、大秦医学带到中国的同时，也把中国的中医药学传到大秦诸国并进而传到欧洲，为阿拉伯以及欧洲医药学的发展做出了贡献。阿拉伯商人苏烈曼于公元9世纪到印度、中国等地游历，回国后在游记中记载：“中国人（比印度）更为健康，疾病更为罕见，空气如此清洁，几乎没有双目失明的人，没有独眼的人，也没有某种生理缺陷的人，而在印度的大部分地区则随时可见。”佛教对于中医传播也起到重要作用，唐朝对日本医学有极大影响的医学大师是鉴真[3]；唐朝到印尼活动的主体是僧人[4]。

二、军事和政治因素

军事政治因素对中医的传播起到一定影响，对中医西传起到一定促进作用，如白兴华[5]对伊朗针灸历史的研究表明，公元1251年成吉思汗率领的蒙古军队开始西进，随后在波斯国建立了伊儿汗王朝，拉什德历任三朝宰相，并成功编撰了《唐苏克拉玛》一书。他在序中说，曾派遣一名年轻的医生跟随中国学者学习，并远赴中国带回了中国医学的相关书籍。拉什德在序言中还强调：波斯人对中国科学文明的研究很少，他因此决定组织学者把中国的自然科学包括医学的成就翻

[1] 于业礼，王兴伊. 楼兰文书所见“南斗主血，北斗主创”考［J］. 浙江中医药大学学报，2016，40（5）：361-365.

[2] 侯冠辉. 大秦景教在中国的传播与中西方医药交流［D］. 北京：中央民族大学，2006：75.

[3] 厉景辉，王俊英. 宋以前中日两国的医学交流［J］. 吉林师范学院学报，1995（2）：49-50.

[4] 戴铭，夏琰，艾军. 唐宋元明时期中国与印度尼西亚的传统医药交流［J］. 中医学报，2011，26（2）：254-256.

[5] 白兴华. 伊朗的针灸历史［J］. 中国针灸，2015，35（10）：1049-1052.

译成波斯文。军事政治因素对中医东传有一定限制作用，如戴铭等[1]对中印尼医学交流的研究认为，16 世纪西欧列强开始进入今印尼地区：1511 年葡萄牙侵略者到达印尼东部群岛，1596 年荷兰入侵今印尼地区，明朝与爪哇、苏门答腊等地的交流停滞。陈鸿能[2]认为直到 18 世纪末叶以后，随着中国沿海移民的增加，中国医药才开始在亚细安地区流传开来。不过受到当时社会环境影响，据王日根等[3]研究，清末，中医在东南亚最早以慈善方式开展医疗。

三、文化因素

文化因素的影响，促使了当今中国回族医学和维吾尔医学两大民族医学的产生。贺晓慧等[4]对回族医药研究表明，从两汉、三国两晋南北朝一直到隋朝，中—阿医药学的初步接触与交流，为中国回族医学后期的创始、发展和兴盛奠定了坚实基础。王锦[5]对《回回药方》的研究提出,《回回药方》的内容虽渊源于《医典》等阿拉伯古医籍，但体现的是回回医学在阿拉伯医学来到中国后，吸收中国文化及医学内容，并逐渐与中医融合是其形成发展之早期过程，回族医学长期以中医疗法为主进行诊治。维吾尔医学的产生与中原文化和医学的关系密切。王开义[6]研究认为，维吾尔医学以“望、问、闻、切”诊断疾病，认为四大物质产生气质，气质又可分为热性、寒性、湿性、干性，由此而决定药物分为热、寒、温、凉，四大物质学说的形成是吸收了中医学、印度医学、希腊医学、阿拉伯医学的哲学思想。齐耀东等[7]对 290 种维吾尔药药源地进行研究分析，发现来源于中国沿海和中原等地区 64 种，仅次于新疆野生的 70 种。

[1] 戴铭，夏琰，艾军．唐宋元明时期中国与印度尼西亚的传统医药交流［J］. 中医学报，2011，26（2）：254-256.

[2] 陈鸿能．中国与亚细安区域的医药交流［J］. 中华医史杂志，1996，26（1）：43-49.

[3] 王日根，任国英．近代以来东南亚中医药业与慈善业的结合及其意义——立足于新加坡、马来西亚的分析［J］. 历史教学（下半月刊），2016（4）：22-27.

[4] 贺晓慧，贾孟辉，牛阳．中国回族医药学历史渊源探索［J］. 时珍国医国药，2010，21（8）：2020-2021.

[5] 王锦．《回回药方》研究进展［J］. 回族研究，2013（4）：5-16.

[6] 王开义．论维药学的演变与发展［J］. 新疆中医药，1988（2）：51-54.

[7] 齐耀东，李利平，肖培根，等．丝绸之路上的维吾尔医药［J］. 中国现代中药，2016，18（3）：375-378.

四、经济与科技的影响

郑和七次下西洋将中医传播到东非[1],其背后有的是强大的明朝经济和航运科技支撑。孔卓瑶等[2]认为中国发明的造纸术、印刷术为古代中医药文献对外传播，尤其是向欧洲传播提供了重要支持。

第三节 古代丝绸之路的中医药交流

一、中医理论与中医典籍

古代中医药典籍的传播将中医、中药的相关理论传入了“一带一路”沿线的国家，但不同地区的国家对于中医药理论的认同度和接受度存在较大的差异。对中医药理论的接受度高的国家主要集中在东亚、南亚地区[3]，如朝鲜、日本、越南等。具体表现在这些国家不仅学习了中医、中药著作，还将多本中医典籍系统化地汇编成适合本国使用的医书，如朝鲜许浚的《东医宝鉴》、日本丹波康赖的《医心方》以及越南黎有卓的《海上医宗心领》。而西亚、欧洲地区对于中医药理论的接受度有限，仅吸收了部分中医药知识，如阿拉伯名医阿维森纳医学巨著《医典》参考了王叔和《脉经》中的部分脉学理论[4]。

（一）朝鲜半岛

中医书传入朝鲜半岛最早可追溯到公元2世纪末，如《内经》《伤寒论》等[5]。公元692年，新罗引进《素问》《难经》《针经》《神农本草经》《甲乙经》《脉经》《明堂经》等教授医学生。公元8世纪初，《伤寒论》《外台秘要》《千金方》《广利方》等大型理论、方书和医疗急救手册传入朝鲜半岛。宋代两国间的

[1] 李新烽．郑和与非洲［M］．北京：中国社会出版社，2012：234.
[2] 孔卓瑶，张宗明．中国古代医药文献对外传播及其影响［J］．医学与哲学，2015，36（1）：86-89.
[3] 刘国伟，左宁．中医海外传播史特点分析［J］．中医临床研究，2014（15）：1-5.
[4] 李经纬，林昭庚．中国医学通史：古代卷［M］．北京：人民卫生出版社，2000：288，373.
[5] 孔卓瑶，张宗明．中国古代医药文献对外传播及其影响［J］．医学与哲学，2015，36（1）：86-89.

医学交流达到新的高峰，朝鲜半岛民间翻刻了《黄帝八十一难经》《川玉集》《小儿巢氏病源》《张仲景五脏论》《小儿药证病源》等中医书；朝鲜半岛官方也大量收藏中医书，如忠州库藏有《小儿巢氏病源候论》《脉诀口义辨误》《保童秘要》《五脏六腑图》等。李氏王朝时期，君王重视翻刻、刊行中医书如《针灸铜人图》《伤寒类书活人总括》《新刊仁斋直指方论》等。

《东医宝鉴》是公元1596年至1610年，由朝鲜半岛李氏王朝的太医许浚等人历经10余年编纂而成的一部医书，主要纂辑80多种中医典籍，如《素问》《灵枢》《圣济总录》《伤寒论》等[1]。《东医宝鉴》推动了中国中医药学在朝鲜半岛的传播，使朝鲜半岛人民更简捷地了解和学习中医药学知识，为朝鲜半岛的医疗保健事业和朝鲜半岛人民的健康做出了重大的贡献。

（二）日本

据汪企张《中医东渐论略》一文所述，中医典籍传入日本始于公元500年，日本人得到葛洪《肘后百一方》。公元562年，中国吴人知聪携带《针灸甲乙经》等医学书籍160卷东渡介绍给日本。此后，《针经》《明堂图》《诸病源候论》等医书也相继传入日本。据木宫泰彦《日中文化交流史》记载，公元7世纪至9世纪200多年，日本共派遣唐使9次，计38船、5 000人左右，并将大量的中医典籍带往日本[2]。

公元9世纪末日本官方编纂的《本朝见在书目录》和公元10世纪初成书的《本草和名》两书，合计著录引用了194种中国医书。由此可见，公元10世纪之前传入日本的中医书应有200种以上。公元984年，日本丹波康赖编成《医心方》，共参考宋以前的方书200余部，不但传播了中医知识而且保存了许多散佚方书。公元16世纪末，坂净运将《伤寒杂病论》带回日本，并向日本医界介绍传播仲景学说[3]。

[1] 黄栋法．古代中外医学交流简介［J］．华夏文化，2003（4）：60-61.

[2] 方玲，刘公望．古代文化交流与中医药学术之形成［J］．天津中医学院学报，2004，23（9）：115-118.

[3] 朱明，王伟东．中医西传的历史脉络——阿维森纳《医典》之研究［J］．北京中医药大学学报，2004，27（1）：18-20.

（三）越南

据古越史记载，公元前257年秦代医生崔伟所撰写的医书《公余集记》曾在越南流传，这是中医典籍在越南传播的最早记录。隋唐时期《内经》等传入越南，明清时期《医学入门》《景岳全书》等先后也传入[1]。越南医圣黎有卓对中医经典《内经》推崇备至，并参考冯兆张的《冯氏锦囊秘录》中的临床诊断知识，著成《海上医宗心领》共计26卷，书中论述了医学理论、临证证治和药物，并附有医案[2]。

（四）伊朗

《唐苏克拉玛》是由波斯国（今伊朗）的宰相拉什德于公元1247年到1318年主持并组织学者编译的，是一部迄今发现最早的包括了《王叔和脉诀》等4本中国医书的波斯文译本[3]。该书对中医和中草药做了系统的说明,还专门介绍了中国在脉学、解剖学、胚胎学、妇科学、药物学等方面的成就。根据中德学者的研究，本书主要分为四个部分：一是中医脉学和解剖学；二是经络分布与穴位、血液循行及烧灼疗法；三是中药的品种、属性、功效、主治、配伍及炮制的专论；四是关于疾病方面的论述[4]。书中内容有许多是引自《素问》《难经》以及“黄帝”的阐述，内容丰富，中医医理详明。此外，文中还出现了关于“阴阳”“五行”“三焦”“命门”等概念的解释。《唐苏克拉玛》反映了古代中医典籍和中医理论在伊朗的传播和发展情况，标志着中医药学真正系统地传播到了中东国家和地区。

（五）阿拉伯国家

中国现存最早的脉学专著《脉经》，其很多内容传播到阿拉伯国家。如阿拉伯名医阿维森纳吸收脉学的知识，在其所编撰的医学巨著《医典》中论及脉有浮

[1] 白恒慧．浅谈古代中外医学交流情况［J］．中国民族医药杂志，2012（9）：59–60.

[2] 方玲，刘公望．古代文化交流与中医药学术之形成［J］．天津中医学院学报，2004，23（9）：115–118.

[3] 朱明，弗利克斯克莱·弗兰克，戴琪．最早的中医西传波斯文译本《唐苏克拉玛》［J］．北京中医药大学学报，2000，23（21）：8–11.

[4] 周颖．中医西传有史可证［N］．中国中医药报，2003–03–10.

沉、强弱，这与《脉经》所说相同。并且《医典》所列的48种脉法中，有35种脉法与中国《脉经》相同[1]。此外,伊朗名医拉施特在其编撰的《中国医药百科全书》中,高度评价了王叔和的《脉经》一书[2]。由此可见中国医学典籍在阿拉伯国家和地区的传播情况，尤其是《脉经》对阿拉伯国家有着深厚的影响。

（六）欧洲

中医理论和典籍传播到欧洲的历史比较短，其传播具体表现为两种：一是直接翻译刊载中医典籍，比如宋慈的《洗冤录》于1779年被巴黎《中国历史艺术科学杂志》节译刊载[3]；二是编撰出版介绍中医理论的书籍，其中具有代表性的著作有《中国植物志》《中国秘典》《中国医法举例》。波兰传教士卜弥格根据在华的经历，将中医理论、脉学与中药学书籍上的相关知识编撰成书，并在1656年出版了《中国植物志》[4]，成为欧洲最早介绍中国本草的文献。《中国秘典》重点介绍了中医脉学，由法国人哈尔文于1671年出版[5]。荷兰医生克莱尔则汇集关于中国脉学、舌诊、经络脏腑的论文稿，于1682年出版了《中国医法举例》一书。

二、中医技术

（一）针灸疗法

白兴华将中国针灸对外传播历史划分为三个阶段，其中前两个阶段总结了古代针灸传播的情况和特点。第一阶段从公元6世纪前后至公元15世纪末，主要通过人员往来而向周边国家传播，其中又以向朝鲜半岛、日本和越南的传播最成功。大约在公元6世纪，针灸疗法传入朝鲜半岛和日本，并且得到了很好的发展。然而在这一阶段，针灸疗法经丝绸之路向西域地区的传播却很有限。第二阶

[1] 朱明，弗利克斯克莱·弗兰克，戴琪．最早的中医西传波斯文译本《唐苏克拉玛》[J]．北京中医药大学学报，2000，23（21）：8-11.

[2] 许永璋．古代中国与西亚的医药交流［J］．河南中医学院学报，2007，22（6）：11-13.

[3] 孔卓瑶，张宗明．中国古代医药文献对外传播及其影响［J］．医学与哲学，2015，36（1）：86-89.

[4] 张西平．卜弥格与中医的西传［J］．北京行政学院学报，2012（4）：123-128.

[5] 方玲，刘公望．古代文化交流与中医药学术之形成［J］．天津中医学院学报，2004，23（9）：115-118.

段从公元16世纪初至1970年，前期主要经由印度尼西亚和日本，由荷兰东印度公司的雇员将针灸介绍到欧洲，并引起短暂的小范围流行，还推广到美国和澳大利亚等国；后期则主要是通过中国政府所派遣的援非医疗队，将针灸传播到了非洲[1]。

（二）炼丹术

炼丹术是古代炼制丹药的一种传统技术，起源于中国。炼丹术于公元9、10世纪传入阿拉伯国家，于公元12世纪传入欧洲。炼丹术在国外的传播不仅对当地的药物制造起到促进作用，而且为世界制药化学的发展奠定了基础[2]。

（三）脉学

脉学产生于中国，是中医在长期实践中总结出的一种独特的诊断疾病的方法。根据许永璋的研究，认为中国的脉学在公元11世纪就传入了伊朗、阿拉伯等国,并产生了重大影响[3]。如前所述,阿维森纳所著《医典》中关于诊脉的理论和方法，绝大部分都与王叔和的《脉经》相同，这显然是西亚国家接受中国脉学的明证。

中国古代传入其他国家的中医技术除了针灸、炼丹术、脉学外，还有麻醉法、刮痧、拔罐等。比如，麻醉法在汉代传入阿拉伯医学界。美国人拉瓦尔在《药学四千年》（*Four Thousand Years of Pharmacy*）一书中认为，阿拉伯人的吸入麻醉法可能就是在汉代麻醉法的基础上发展而来的[4]。

三、医事制度

中国古代的医事制度，主要是指有关医学行政管理、医学教育、分科及考核升迁等方面的组织机构和政令。古代医事制度大致从周代开始确立，其后经过历代不断地演进，至唐宋时期渐至完备，但到清代则基本上相互因袭而无重要的

[1] 白兴华．针灸对外传播的分期及各时期的特点［J］. 中国针灸，2014，34（11）：1141-1143.
[2] 白恒慧．浅谈古代中外医学交流情况［J］. 中国民族医药杂志，2012（9）：59-60.
[3] 许永璋．古代中国与西亚的医药交流［J］. 河南中医学院学报，2007，22（6）：11-13.
[4] 沈劼．唐宋元时期中国与阿拉伯国家的医药交流［J］. 南京中医药大学学报，2004，5（2）：86-89.

变迁[1]。中国古代的医事制度主要对两个国家产生了至关重要的影响——朝鲜和日本。

早在古朝鲜时期中国医学便已传入朝鲜，但朝鲜对中医学的初步吸收阶段应当在新罗统治时期（公元7世纪至10世纪）。据《三国史记》记载[2]，公元692年，新罗参照中国的医学教育模式“初置教授，学生以《本草经》《甲乙经》《素问经》《针经》《脉经》《明堂经》《难经》为业”。在高丽时代，朝鲜效仿中国唐宋时期的医事制度设立医疗机构，如在中央机构设置太医监和尚药局，在地方设立庶民救治机构惠民局和东西大悲院。在医学教育方面，从高丽太祖建国初便以医学院为首，主要邀请宋医来教授医生。到李氏王朝时期，统治者对医疗体系进行了一系列的改制。比如参照明朝的医事制度又增设了济生院，主要负责庶民的救治、医女的培养和乡药的输纳[3]。

公元701年，日本在医学教育中开始效仿唐制，制定了医药职令《大宝律令·疾医令》，明确规定医学校中的学生必修《素问》《灵枢》《明堂脉诀》《针灸甲乙经》《新修本草》等中医书籍。

四、中药饮片

在古代丝绸之路上，中药材的对外输出是中医药传播的重要方面。中国中医吸收了高丽参（朝鲜）、阿魏（印度）、乳香（阿拉伯）等大量外来药物，与此同时有许多中药材也陆续输送到“一带一路”沿线的部分国家。

中国从汉代起就向印度输出诸如人参、当归、茯苓、远志、附子、乌头、细辛、麻黄等药材，这些药材被印度称为“神州上药”，至今印度和中南半岛一带仍视为珍宝[4]。在北宋时期,榷场的设立和“互市”贸易的兴盛极大地促进了中原地区与周边地区的贸易往来。据《宋史·食货志》记载：“西夏自景德四年，于保安军置榷场，以缯帛、罗绮易驼马、牛羊、玉、毯、甘草，以香药、瓷漆器、

[1] 陈江莉．宋元时期医事法律特点及历史价值研究［D］．贵阳：贵阳中医学院，2013：9-19.
[2] 杜石然．历史上的中药在国外［J］．自然科学史研究，1990（1）：78-90.
[3] 全世玉．《朝鲜王朝实录》中的医学史料研究［D］．北京：中国中医科学院，2005：18-21.
[4] 李灵祥．丝绸之路医药之路［J］．丝绸之路，2000（1）：57-58.

姜、桂等物易蜜蜡、麝脐、毛褐、羚角、硇砂、柴胡、苁蓉、红花、翎毛，非官市者听与民交易，入贡至京者纵其为市。”

（一）麝香

麝香为鹿科动物林麝、马麝或原麝成熟雄体香囊中的干燥分泌物，性温，味甘，入心、脾经，具有开窍醒神、活血通经、消肿止痛的功效。《本草纲目》中对麝香的原产地有“麝生中台山谷及益州雍州山中，春分取香，生者益良”的记载，大概在四川、重庆、云南、贵州、西藏、陕西、甘肃、青海、宁夏地区。

唐朝时，形成了一条由长安经甘肃通往逻些、天竺、中亚地区的“麝香之路”。麝香作为一种名贵药材，倍受阿拉伯各国贵族的青睐。例如，在努韦理的《香料的配制》一书中就记载了阿拉伯的药剂师们如何用麝香来为哈里发配制复方成药噶利亚和龙涎香[1]。通过印度等国商人的间接贸易，麝香在唐朝时甚至已经远播西亚和非洲地区，朱德明在文献中提到“唐朝时期埃及医生乐于使用中药，尤其青睐麝香和大黄”[1]。

由于航海技术的发展，宋代的海上贸易十分发达，麝香也作为商品出口到印度、阿拉伯甚至非洲地区。根据公元13世纪阿拉伯药学家伊木·巴伊塔尔的《药草志》一书中的记载，麝香被称作“伊拉克麝香”，“中国人往往携带察香在海上作长途旅行……运到阿曼、波斯、伊拉克等各伊斯兰教国家”[2]。

至元代，《马可·波罗游记》中有麝香输出到阿拉伯诸国记录。明成祖时期郑和下西洋，中国的船队到达非洲东海岸和红海沿岸，也将麝香带到这些地区。

（二）人参

人参为五加科植物人参的干燥根，性平，味甘、微苦，入心、肺、脾经，具有大补元气、复脉固脱、补脾益肺、生津、安神的功效。人参多分布于辽宁东部、吉林东半部和黑龙江东部，河北、山西、山东也有引种。公元121年，东汉许慎在《说文解字》中提到“参，人参，药草，出上党（今山西省东南部）”，这是文献中对人参产地的最早记载。

[1] 朱德明．古代中国和非洲的医药交流［J］．中华医学杂志，1997，27（2）：105-108.

[2] 王棣．宋代中国与印度洋沿岸各国的医药文化交流［J］．华南师范大学学报，1992（3）：74-79.

从汉代开始，人参就经由丝绸之路输送到了印度。宋代开宝四年（971年）中国在广州设置“市舶司”之后，阿拉伯商人将人参运往了欧洲等国。《马可·波罗游记》也记载，在马拉巴有大批的中国船只装载着大宗中国产的药材，同其他货物一起，被阿拉伯人运往亚丁港，再转运到亚历山大里亚等地。而明代经郑和进一步开辟航线后，人参的对外传播范围更加广泛。

（三）肉桂

肉桂为樟科植物肉桂的干燥树皮，性热，味辛、甘，归肾、脾、心、肝经。肉桂具有补火助阳、引火归原、散寒止痛、活血通经的功效。肉桂原产于中国的两广、云南等地，印度、老挝、越南、印度尼西亚等地也有经人工栽培的肉桂。

很早之前肉桂树便被移植于西亚地区。宋代，肉桂经海上贸易输入到印度、阿拉伯国家，并对输入国产生较大的影响。在阿拉伯语中，肉桂被称作 daricn（现代发音为 darsiin），意即“中国木”“中国树”。《药草志》一书中称“桂皮乃印度的一种药”，而实际上肉桂是由中国经印度输往阿拉伯地区的。公元 13 世纪在阿拉伯地区生活多年的卡兹维尼在他的《各国建筑及人情志》中提到，在印度的查贾拉地区，人们视中国树（肉桂）为至宝[1]。此外，《马可·波罗游记》也具体记载了肉桂传入阿拉伯国家的情况，而明代郑和下西洋的船队中也携带了肉桂。

（四）牛黄

牛黄为脊索动物门哺乳纲牛科动物牛肝脏的胆结石，性凉，味甘，入肝、心经，具有息风止痉、化痰开窍、清热解毒的功效。中国西北、东北及河南、河北、江苏等地均产，现在使用的牛黄大部分是由牛胆汁提取加工而成的人工牛黄。

牛黄最初传到西亚，后又转入欧洲和非洲。在西亚地区，牛黄广泛应用于医疗之中。在阿拉伯地区，当地医生称牛黄为“解毒石”[2]，阿拉伯国商人又将其输出到欧洲国家。据《宋会要》记载，当时经由阿拉伯商人运往亚、欧、非等地的中药材有 60 多种，其中以牛黄最受重视，往往被放置于金盒中贮藏，以

[1] 王棣．宋代中国与印度洋沿岸各国的医药文化交流［J］．华南师范大学学报，1992（3）：74–79.
[2] 耿鉴庭，刘从．中外医药交流的一些史实［J］．中医杂志，1958（3）：209–213.

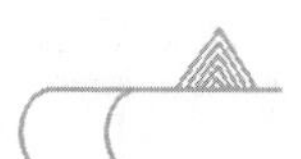

供防疫之用[1]。

（五）大黄

大黄为蓼科植物掌叶大黄、唐古特大黄或药用大黄的干燥根及根茎，性寒，味苦，归脾、胃、大肠、肝、心包经，具有泻热通肠、凉血解毒、逐瘀通经的功效。自古以来，大黄就以甘肃、四川北部为主要的产地，《吴普本草》称大黄“生蜀郡北部（今四川北部）或陇西（今甘肃西部）”，《名医别录》亦记载其“生河西山谷及陇西”。

宋朝时，航海和造船技术的发展促进了海上丝绸之路的繁荣，中国与南亚、西亚地区的贸易往来十分频繁。中国商人出海进行贸易活动时将大黄销售到三佛齐、吉陀等地区，大黄经印度洋各国以及阿拉伯国家商人之手后又远销至西亚、北非等地区[2]。《药草志》中对大黄的评价很高，称“质量最好的乃中国大黄”，“因为他们（波斯人）称中国为 Sin，而称中国大黄为 rawandSini”[3]。此外，大黄同样是明代郑和下西洋时所携带的中药材之一。

（六）黄连

黄连为毛茛科植物黄连、三角叶黄连或云连的干燥根茎，性味苦寒，归心、脾、胃、肝、胆、大肠经，具有清热燥湿、泻火解毒的功效。古代黄连以四川为主产地，《名医别录》记载“黄连生巫阳及蜀郡大山，二月八月采”，“巫阳”及“蜀郡”均指四川。此外，本草记载在长江以东以及湖南、安徽诸省也产短萼黄连。

中国黄连运入西亚地区后，广泛应用于治疗多种疾病，特别是用来治疗眼疾，效果尤佳。波斯人阿布·艾苏尔在其所著的《药物学大纲》一书中也列举了一些唐宋时期传入波斯和阿拉伯地区的中国药物，其中便有黄连[2]。

（七）川芎

川芎为伞形科植物川芎的干燥根茎，性温，味辛，归肝、胆、心包经，具有活血行气、祛风止痛的功效。川芎的主产地为四川（灌县、崇庆），云南亦产，称作“云芎”。

[1] 朱德明．古代中国和非洲的医药交流［J］．中华医学杂志，1997，27（2）：105-108.
[2] 王棣．宋代“海上丝绸之路”上的中药外传［J］．中国中药杂志，1993（10）：634-637.
[3] 王棣．宋代中国与印度洋沿岸各国的医药文化交流［J］．华南师范大学学报，1992（3）：74-79.

北宋年间，川芎经“市舶司”大量运往东南亚各国。《诸番志》记载，来自阇婆（即诃陵国）的商人常以金银与中国的川芎进行交换。川芎在当地受到采椒工人的欢迎，并且成为治疗头痛的要药，“采椒之人为辛气熏迫，多患头痛，饵川芎可愈”[1]。

（八）其他

硝很早就传入了非洲，公元13世纪，硝在阿拉伯文中改称为“巴鲁得”。阿拉伯医学家伊本·贝塔尔在《医方汇编》“巴鲁得”条内写道：“这是埃及老医生所称的中国雪，西方，即马格里布和安达卢西（今埃及往西直到大西洋岸撒哈拉沙漠以北的这一大片狭长的北非地区）普通人和医生都将‘巴鲁得’称作‘焰硝花’。”这说明硝作为一种中国药材在非洲运用的广泛性[2]。

除了以上这些比较具有代表性的中药饮片外，古代中国还有多种药物传播到海外。比如在《医典》的第二部书中，阿维森纳明确指出有17味草药是阿拉伯国家从中国进口的，包括细辛、姜黄、桂枝、肉桂、中国药用大黄、中国荔枝、天然樟脑、西藏麝香、芦荟、檀香、产于中国海的玳瑁、莪术和郁金等中药种类[3]。

第四节　古代丝绸之路中医药输出的方式

从活跃在“一带一路”上的游方之士、商人、移民和僧侣的活动来看，历史上的医学交流大多具有自发和偶然的特点[4]。古代中医药对外输出的方式有以下四种。

[1] 戴铭，夏琰，艾军．唐宋元明时期中国与印度尼西亚的传统医药交流［J］．中医学报，2011，26（2）：254-256.

[2] 朱德明．古代中国和非洲的医药交流［J］．中华医学杂志，1997，27（2）：105-108.

[3] Klein F，Zhu M. The passage of Chinese medicine to the west［J］. the American Journal of Chinese Medicine，2001，29（2）：1-7.

[4] 徐彦．中国与波斯医文化交流研究［J］．求索，2011（12）：66-68.

一、外交赠送

在汉唐时期，中原地区国力强盛，且统治者对外采取开放政策，这使得西域、东南亚、朝鲜半岛和日本列岛上的国家纷纷来到中国开展外交活动。对于前来朝贡和交流的国家，中国多次赠送邦交礼物，其中便有中医典籍和中药材。元代的史籍中有关于回赐越南贡使医药的记载，世祖中统四年（1263 年）"帝赐来使玉带、增帛、药饵、鞍辔有差"[1]。此外，郑和下西洋时也将所携带的中药材赠送给沿途国家。

二、贸易

（一）直接贸易

直接贸易是指货物生产国与消费国直接买卖货物的贸易行为，贸易双方直接洽谈完成交易。中国与海外国家的直接贸易历史悠久，唐宋元时期的官方与民间的对外贸易活动都十分频繁，而明清时期的对外贸易活动则主要是由官方主持的。

（二）间接贸易

间接贸易是指商品生产国与消费国通过第三国进行买卖商品的行为。其中，生产国是间接出口，消费国是间接进口，第三国是转口。在古代"丝绸之路"上，中国与非洲、阿拉伯地区国家的贸易在很长一段时间内都是以间接贸易的方式进行的。

中国与阿拉伯国家的间接贸易较多，在海上丝绸之路一般将三佛齐、印度等国家作为贸易转口国进行中阿之间的交流。宋代有许多中国药物输入印度，通过印度再输入到阿拉伯地区。据《诸蕃志》记载，南毗、故临等国的商人，每岁到吉陀、三佛齐等地交易，当地"用荷池、撷绢、瓷器、樟脑、大黄、黄连、丁香、脑子、檀香、豆蔻、沉香为货，商人就博易焉"。

中国与非洲远隔重洋，由于地理间隔的原因，中非之间的医药交流也多以间接方式进行。在唐朝以前，双方贸易交往主要通过印度洋进行，一般采用间接的

[1] 冯立军．古代中越中医中药交流初探［J］. 海交史研究，2002（1）：47-56.

方式。贵霜王朝、印度河口的巴巴里加和坎贝湾的巴里格柴成了中非贸易交往的中转站，中国的药材和非洲的香药通过这些地区互相交流。在郑和下西洋到达非洲国家之前，中国与非洲各国家之间的海上贸易一般采用间接的方式进行。

三、军事战争

古代中医药除了通过赠送和贸易输出外，还通过军事战争进行了一定的传播。元朝时期，蒙古的西征客观上开通了东西方交通的大道，对中国与阿拉伯医药的交流提供了很大的便利。而旭烈兀西征时，曾征调包括中国医生在内的汉人匠师上千人随军出征，并带去了中国的医学书籍[1]。

四、移民

古代中国与其他国家在进行朝贡、贸易、佛教等活动时，在商人、僧侣之间也掀起了移民的热潮。比如，在与印度尼西亚的交流活动中，唐朝的僧侣与宋朝的商人便开始移居至印度尼西亚生活[2]。而这些古代的移民移居国外后，也为当地带去了中医的技术。据考察，在非洲帕泰岛上的西游村中有许多中国移民的后代，他们当中的部分人懂得中医的知识和技术，这也是中医经移民传播的实证[3]。

第五节　中医药交流对输入国的影响

古代中医药在经“一带一路”对外传播过程中，对输入国产生了一定的影响。结合中医理论和中医典籍、中医技术、中医制度和中药饮片这四个方面的输出情况，将影响的程度分为文化影响、技术影响、制度影响和经济影响。对于古

[1] 李德杏，刘公望，王玉兴．浅析中国与阿拉伯医药交流的实现途径［J］．天津中医学院学报，2004，23（3）：119-120.

[2] 戴铭，夏琰，艾军．唐宋元明时期中国与印度尼西亚的传统医药交流［J］．中医学报，2011，26（2）：254-256.

[3] 李新峰．郑和与非洲［M］．北京：中国社会科学出版社，2012：254.

代中医药对外输出对于输入国的影响有如下三种观点。

（1）古代中医药对外输出对于输入国产生了文化层面的影响：中医典籍、理论和临床技术经输入国本土化后形成了该国特有的传统医学，如日本汉方医学和朝鲜东医学[1]。

（2）古代中医药对外输出对于输入国产生了制度层面的影响：古代医事制度经“一带一路”传播到中国的周边地区，对汉字文化圈的维持有一定的影响。

（3）古代中医药对外输出对于输入国产生了技术层面的影响：中医技术传入西方后，对西方的药物制造、针灸、麻醉等起到启发和促进作用。中国药物输出到其他国家后，增加了输入国家的医药品种，扩大了治疗范围，起到了良好的作用[2]。

此外，也有专家认为古代中医药输出对于输入国的影响有限，认为中国与东盟六国的医药交流是药多于医，而在医疗经验方面相互影响的情况不多[3]。

[1] 孔卓瑶，张宗明．中国古代医药文献对外传播及其影响 [J]. 医学与哲学，2015，36（1）：86-89.
[2] 许永璋．古代中国与西亚的医药交流 [J]. 河南中医学院学报．2007，6（22）：1.
[3] 陈鸿能．中国与亚细安区域的医药交流 [J]. 中华医学杂志，1996，26（1）：43-49.

中医药在“一带一路”建设中的地位和作用

第一节 “一带一路”建设的内涵与发展

一、“一带一路”建设的内涵

“一带一路”是“丝绸之路经济带”和“21 世纪海上丝绸之路”的简称。共建“一带一路”是 2013 年 9 月和 10 月习近平总书记在出访中亚和东南亚期间提出的倡议[1],之后写入党的十八届三中全会《关于全面深化改革若干重大问题的决定》和《中国共产党章程》《中华人民共和国国民经济和社会发展第十三个五年规划纲要》。

习近平主席对共建“一带一路”有过多次重要论述。2013 年 9 月，习近平在哈萨克斯坦首次倡议时，提出加强政策沟通、道路联通、贸易畅通、货币流通、民心相通。2015 年 3 月，习近平在博鳌亚洲论坛年会演讲中指出，“一带一路”建设秉持的是共商、共建、共享原则。2017 年 5 月，在首届“一带一路”国际合作高峰论坛主旨演讲时，习近平强调要将“一带一路”建成和平之路、繁荣之路、开放之路、创新之路、文明之路。2020 年 6 月，在“一带一路”国际合作高级别视频会议致辞中，习近平结合当下疫情形势寄予“一带一路”倡议新的期待：把“一带一路”打造成合作之路、健康之路、复苏之路、增长之路。通过高质量共建“一带一路”，携手推动构建人类命运共同体[2]。

丝绸之路经济带是在古丝绸之路概念基础上形成的一个新的经济发展区域，同时牵连着亚太经济圈和欧洲经济圈，被认为是“世界上最长、最具有发展潜力的经济大走廊”[3]。陆上丝绸之路穿越陇山山脉和河西走廊，通过玉门关、阳关抵

[1] 国家发展改革委、外交部、商务部：推动共建丝绸之路经济带和 21 世纪海上丝绸之路的愿景与行动 [R]. 2015-03-28.

[2] 新华社 .“一带一路”内涵上新了，习主席对这一方案有过哪些重要论述？ [EB/OL]. [2020-06-19]. http://www.xinhuanet.com/world/2020-06/19/c_1210668957.htm.

[3] 徐新良，王靓，蔡红艳 .“丝绸之路经济带”沿线主要国家气候变化特征 [J]. 资源科学 . 2016, 38 (9): 1742-1753.

达新疆，沿绿洲和帕米尔高原通过中亚、西亚和北非，最后抵达非洲和欧洲。一般可分为三段，每一段又可分为北、中、南三条线路[1]。海上丝绸之路的重点建设方向，则是从中国沿海港口向南，过南海，经马六甲、龙目和巽他等海峡，沿印度洋北部，至波斯湾、红海、亚丁湾等海域[2]。

共建"一带一路"致力于亚、欧、非大陆及附近海洋的互联互通，建立和加强沿线各国互联互通伙伴关系，构建全方位、多层次、复合型的互联互通网络，实现沿线各国多元、自主、平衡、可持续的发展。"一带一路"的互联互通项目将推动沿线各国发展规划的对接与耦合，发掘区域内市场的潜力，促进投资和消费，创造需求和就业，增进沿线各国人民的人文交流与文明互鉴，让各国人民相逢相知、互信互敬，共享和谐、安宁、富裕的生活[3]。

经国务院授权发布的《推动共建丝绸之路经济带和 21 世纪海上丝绸之路的愿景与行动》指出："当今世界正发生复杂深刻的变化，国际金融危机深层次影响继续显现，世界经济缓慢复苏、发展分化，国际投资贸易格局和多边投资贸易规则酝酿深刻调整，各国面临的发展问题依然严峻。"共建"一带一路"，"顺应世界多极化、经济全球化、文化多样化、社会信息化的潮流，秉持开放的区域合作精神，致力于维护全球自由贸易体系和开放型世界经济"，"旨在促进经济要素有序自由流动、资源高效配置和市场深度融合，推动沿线各国实现经济政策协调，开展更大范围、更高水平、更深层次的区域合作，共同打造开放、包容、均衡、普惠的区域经济合作架构"。

共建"一带一路"倡议的提出与实施，倡导了新时期国际合作的新理念，坚持共商、共建、共享的原则，与沿线国家和地区共同打造了区域经济合作新架构，创建国际区域合作新型共同体，推动了广泛领域的合作并明确合作重点，有利于顺应对外开放经济转型新要求，实现新历史条件下全球再平衡，促进民间和

[1] 刘迪，苏林，范阅."丝绸之路经济带"：概念界定与经济社会综述［J］.西部金融.2014（9）：62-70.

[2] 刘赐贵.发展海洋合作伙伴关系推进 21 世纪海上丝绸之路建设的若干思考［J］.国际问题研究，2014（4）：1-8.

[3] 国家发展改革委、外交部、商务部：推动共建丝绸之路经济带和 21 世纪海上丝绸之路的愿景与行动［R］，2015-03-28.

医学、人文、科技交流。

二、“一带一路”建设发展概况

自2013年9月和10月，习近平主席在出访中亚和东南亚国家期间先后向国际社会提出建设丝绸之路经济带和21世纪海上丝绸之路的重大倡议以来，中国政府采取一系列政策措施积极推动“一带一路”建设，加强与沿线国家的沟通磋商，推进与沿线国家的务实合作，取得了令人满意的初步成果。

（一）高层引领推动，建立工作机制

党的十八届三中全会通过的《中共中央关于全面深化改革若干重大问题的决定》提出：“推进丝绸之路经济带、海上丝绸之路建设，形成全方位开放新格局。”十八大以来，习近平主席等党和国家领导人频繁出访，开启“一带一路”之旅，推动“一带一路”取得实质性进展，不断谱写“一带一路”建设的新篇章，“中国方案”也为越来越多的国家和组织所接受。

为推进“一带一路”建设，中国成立了以中央政治局常委挂帅的推进“一带一路”建设工作领导小组，指导和协调推进“一带一路”建设。并在国家发改委设立领导小组办公室，具体承担领导小组日常工作。截至2019年2月，推进“一带一路”建设工作领导小组共召开9次会议。

（二）制定全局规划，完善政策措施

2015年3月28日，经国务院授权国家发展和改革委员会、外交部、商务部联合发布了《推动共建丝绸之路经济带和21世纪海上丝绸之路的愿景与行动》（简称《愿景与行动》）。随后，中央与地方政府两个层面都积极推进《愿景与行动》相关配套政策以及实施方案的制定和落实，并实现地方政府实施方案与国家规划的对接。

中国政府积极统筹国内的各种资源，强化政策上的支持。推动成立了亚洲基础设施投资银行，发起设立了丝路基金，强化了中国-欧亚经济合作基金的投资功能。推动银行卡清算机构开展跨境清算业务和支付机构开展跨境支付业务。积极推进投资贸易便利化，推进区域通关一体化改革。

（三）发挥平台作用，国际高度关注

国家和地方各部门充分发挥平台作用，成功举办了以“一带一路”为主题的

一系列国际峰会、论坛、博览会、研讨会，对增进相互理解、凝聚广泛共识、深化交流合作发挥了重要的作用。2015年以来，中国-南亚博览会、中国-阿拉伯国家博览会、中国-东盟博览会等面向“一带一路”国家与地区的交流合作盛会相继举行。其中，中阿博览会的召开颇为引人注目，中阿技术转移中心、商事调解中心、联合商会联络办公室等一批中阿多双边合作机构的落地，为“一带一路”建设注入了新的活力。

在亚太经合组织（APEC）领导人非正式会议、中非合作论坛、“金砖”国家领导人会议、上海合作组织成员国政府首脑理事会等由不同国家领导人共同参加的国际会议上，中国领导人阐释了中国发展的新理念，将“一带一路”的理念和政策融入未来经济发展的建议和主张，为多边经贸合作提供更大的动力。随着“一带一路”建设不断深入推进，在不同地区、不同领域不断涌现出新的中外合作机构和组织。亚投行和丝路基金的设立，也为“一带一路”沿线国家互联互通、产业合作提供资金支持。

（四）多国积极呼应，签署合作框架

“一带一路”一经提出，就获得世界广泛的积极回响。2015年中国即与部分国家签署了共建“一带一路”合作备忘录，与一些毗邻国家签署了地区合作和边境合作的备忘录以及经贸合作中长期发展规划。“一带一路”还与俄罗斯的“跨欧亚发展带”、阿盟的经济振兴计划等相关国家发展规划有效对接，发展规划之间的不谋而合、遥相呼应，不仅使“一带一路”获得了广泛的支持，也对当前世界经济格局产生了重要的影响，促进了全球政治经济新秩序的形成。

目前，包括中国在内的“一带一路”沿线国家中，已有60多个国家表态支持，同时也获得东盟、欧盟、阿盟等多个国际组织的支持。截至2019年7月底，中国政府已与136个国家和30个国际组织签署了195份政府间合作协议，商签范围由亚欧地区延伸至非洲、拉美、南太、西欧等相关国家；推动与俄罗斯、哈萨克斯坦、印度尼西亚等合作基础坚实、合作体量较大、合作意愿强烈的国家联合制定合作规划；2017年5月和2019年4月，分别主办第一届和第二届“一带一路”国际合作高峰论坛。

（五）重点推进项目，取得明显成效

随着“一带一路”建设不断推进，在与沿线国家的政策沟通、设施联通、贸易畅通、资金融通、民心相通等方面工作卓有成效。在港口、铁路、公路、电力、航空、通信等领域开展了大量合作，有效提升了这些国家的基础设施建设水平；对“一带一路”国家的贸易和投资保持增长态势；多元化融资体系不断完善，开发性和政策性金融支持力度持续加大；丝路旅游和留学成果显著，与61个“一带一路”国家共建立了1 023对友好城市（截至2018年4月底）。

2022年上半年，我国与“一带一路”沿线国家货物贸易额已达6.3万亿元，同比增长17.8%，占比提高到31.9%。对沿线国家非金融类直接投资达650.3亿元，增长4.9%，占比提高到18.5%。同期，沿线国家对华实际投资达452.5亿元，增长10.6%[1]。

第二节　中医药是实施“一带一路”倡议的重要内容和理想载体

对于“一带一路”建设，《推动共建丝绸之路经济带和21世纪海上丝绸之路的愿景与行动》明确提出了“打造政治互信、经济融合、文化包容的利益共同体、命运共同体和责任共同体”的目标。不仅要完善区域基础设施、基本形成高效的陆海空通道网络，进一步提升投资贸易便利化水平、基本形成高标准自由贸易区网络，使经济联系更加紧密、政治互信更加深入，还要广泛深入地加强人文交流，促进不同文明互鉴共荣，各国人民相知相交、和平友好。

中医药不仅兼具人文与医学科学的属性，在新时代经济社会发展中还具有经济、科技、生态等多方面的资源属性。国务院印发的《中医药发展战略规划纲要（2016—2030）》即明确指出：“中医药作为我国独特的卫生资源、潜力巨大的经济资源、具有原创优势的科技资源、优秀的文化资源和重要的生态资源，在经济社会发展中发挥着重要作用。”由于中医药所具有的特殊资源属性，完全可以成为实施“一带一路”倡议的重要内容和理想载体，并在实现“一带一路”建设目标中发挥独特的重要作用。

[1] 冯其予.我国与“一带一路”沿线国家上半年货物贸易额达6.3万亿元[N].经济日报，2022-07-30（3）.

中医药在古丝绸之路传播的历史渊源和国际化发展，也是中医药在“一带一路”建设中发挥重要作用的坚实基础。中医药的海外传播最早可追溯到秦汉以前[1, 2]，隋唐时期开始逐渐体系化、规范化。早期的传播路径主要有传统的丝绸之路和海上丝绸之路，影响力由近及远，依次递减[3, 4]。欧洲人接触中医从17、18世纪开始，主要由学习了中医的日本医生及欧洲传教士传入[5]。近代以来，随着国际交往的深入和华人向世界各地流动，中医药特别是针灸在国外的传播明显增加。

包括中医药在古丝绸之路的传播在内，过去中医药的对外交流主要发生在民间。中华人民共和国成立以来，国家对中医药事业发展和中医药走向世界日益重视，对外交流已逐渐从民间走向政府间交流，中医药参与“一带一路”建设具有强有力的支撑。中国政府通过与世界卫生组织、国际标准化组织等国际组织以及相关国家的合作，有效推动了中医药在全世界的规范发展[6]。目前，中医药已传播到世界上183个国家和地区。自首届“一带一路”国际合作高峰论坛召开以来，中国已在沿线国家建立了一大批中医药海外中心，建设了43个中医药国际合作基地[7]。

近年来，中医药在文化和国际交流中的独特作用得到了党和国家领导人的充分肯定。习近平总书记多次明确指出：“中医药学包含着中华民族几千年的健康养生理念及其实践经验，是中华文明的一个瑰宝，凝聚着中国人民和中华民族的博大智慧”，“也是打开中华文明宝库的钥匙”，“要深入发掘中医药宝库中的精

---

[1] 耿鉴庭，刘从．中外医药交流的一些史实［J］．中医杂志，1958（3）：209-213.

[2] 马达．历史上中医中药在越南的传播和影响［J］．医学与哲学（人文社会医学版），2008（3）：61-62.

[3] 杜石然．历史上的中药在国外［J］．自然科学史研究，1990（1）：78-90.

[4] 王棣．宋代中国与印度洋沿岸各国的医药文化交流［J］．华南师范大学学报（社会科学版），1992（2）：74-79.

[5] Volker Seheid，李春梅．欧洲的中医药发展史、现状及存在的问题［J］．国外医学中医中药分册，1994（4）：12-15.

[6] 中华人民共和国国务院新闻办公室．中国的中医药［R］．2016.

[7] 推进“一带一路”建设工作领导小组办公室．共建“一带一路”倡议：进展、贡献与展望［EB/OL］．［2019-04-22］．http://www.xinhuanet.com//world/2019-04/22/c_1124400071.htm.

华，推进产学研一体化，推进中医药产业化、现代化，让中医药走向世界”。李克强总理也多次对中医药工作作出批示，要求“推动中医药在传承创新中高质量发展，让这一中华文明瑰宝焕发新的光彩”，“提升中医药在世界上的影响力”。中央领导的指示和批示，为依托“一带一路”促进中医药走向世界指明了方向。

第三节 中医药合作与交流成为“一带一路”建设新亮点

一、中医药被纳入《推动共建丝绸之路经济带和21世纪海上丝绸之路愿景与行动》的重点领域

为推进实施“一带一路”重大倡议，焕发古丝绸之路的生机活力，密切亚、欧、非各国的联系，2015年3月国家发展改革委、外交部、商务部经国务院授权发布了《推动共建丝绸之路经济带和21世纪海上丝绸之路的愿景与行动》（简称《愿景与行动》)。《愿景与行动》明确提出了共建原则、框架思路、合作重点、合作机制，并介绍了中国各地方开放态势和中国积极行动，期待共创美好未来。在合作重点中明确医疗卫生领域的任务，包括为有关国家提供医疗援助和应急医疗救助，在妇幼健康、残疾人康复以及艾滋病、结核、疟疾等主要传染病领域开展务实合作，扩大在传统医药领域的合作。《愿景与行动》不仅覆盖面广、内容丰富，在资源的整合方面力度也比较大，中医药被纳入其中的重点领域，将极大地推动中医药走向世界的进程。

二、中医药成为“一带一路”多边和双边合作的重要内容

中医药在国际多边和双边合作中一直有着特殊的地位与作用。截至2016年底，中医药已传播到183个国家和地区，中国政府与相关国家和国际组织签订中医药合作协议达到86个[1]。近年来，中医药已成为“一带一路”多边和双边合作的重要内容。截至2019年4月，国家中医药管理局已同40多个外国政府、地区

[1] 中华人民共和国国务院新闻办公室．中国的中医药［R］. 2016.

主管机构签署了专门的中医药合作协议。中医药先后被纳入中白、中捷、中匈联合声明、《中国对非洲政策文件》[1]，亦被纳入与美国、英国、俄罗斯、德国、加拿大、法国、意大利等国高级别合作框架，中新（加坡）、中韩、中马（来西亚）政府间传统医学合作会议机制已经建立[2]。2017年，中国政府与世界卫生组织签署了《关于“一带一路”卫生领域合作的谅解备忘录》。上海合作组织、中国中东欧、中国东盟、中国阿盟、亚太经合组织、澜沧江、湄公河等区域多边卫生合作平台发挥着越来越重要的作用[3]。随着“中国—中东欧国家卫生部长论坛”等一系列高级别国际卫生合作论坛的召开，“一带一路”沿线各国的传统医学合作将会有更多的机会。

三、“一带一路”中医药贸易不断发展

中药进出口在我国医药进出口贸易中一直占有重要地位。据海关统计数据显示，2021年，我国中药类产品出口额50亿美元，同比增长16.5%；进口额27.4亿美元，同比增长24.1%[4]。植物提取物、中药材、中成药、保健品的进口、出口均维持了正增长。2021年前三季度，中药材出口的前十大市场（按出口额计算）依次为日本、中国香港、韩国、越南、中国台湾、马来西亚、美国、泰国、德国、新加坡[5]，“一带一路”的中药进出口贸易也呈现出快速增长的趋势。近年来，中医药服务贸易发展迅速，境外来华就诊的人数不断增加。根据商务部和国家中医药管理局统计显示，新冠肺炎疫情之前的2019年1～5月份，纳入统计的161家境内中医药服务机构和企业，共接诊外籍患者13万人次，营业收入近10

[1] 中国中医药报．中医药之花绽放一带一路［N］．中国中医药报，2019-04-25（3）．

[2] 田晓航．国家中医药管理局：中医药已成为国际交流合作的特色名片［EB/OL］．［2019-05-25］．http://www.xinhuanet.com/politics/2019-05/25/c_1124541958.htm.

[3] 陈静．“一带一路”倡议5年，中外卫生合作初步实现互利共赢［EB/OL］．［2018-11-18］．https://baijiahao. baidu.com/s?id=1617455612065582006&wfr=spider&for=pc.

[4] 朱仁宗．中药进出口两旺　西药出口大增——2021年我国医药外贸情况简析［N］．中国医药报，2022-04-11（5）．

[5] 药通网．2021年1-9月中药材进出口贸易分析［EB/OL］．［2021-11-13］．https://www.yt1998.com/dtMinute--483231.html.

亿元[1]。我国每年外派中医临床医师超过 2 000 人,开展各种中医医疗教学和科研工作。

四、中医药海外中心建设重点布局“一带一路”

中医药海外中心是指国内外共同合作在海外建立的，具有中医药医疗、教育、科研、文化交流等功能，集服务、展示于一体的机构，是中医药国际化发展的重要载体和方式。近年来，在国内外各方的高度重视和大力支持下，中医药海外中心建设得到快速发展。由财政部批准设立的首个用于支持中医药国际交流与合作的中医药国际合作专项，自 2015 年设立之后的 4 年中，共开展了 49 个海外中心和 43 个国内基地的创建工作，遍布全球五个大洲、35 个国家，其中“一带一路”沿线国家占了一半以上。此外还制定了一批中医药国际标准，不少项目得到了国家领导人和外国元首的高度重视和评价[2]。

第四节　中医药“一带一路”发展潜力巨大

一、中医药易于被当地民众接受，有助于推进“一带一路”建设

中医药既有自然科学属性，又有人文社会科学属性。与其他文化形式相比，中医药服务贸易所带动的防病治病、养生保健和健康服务，更容易为当地民众所理解和接受[3]。在与“一带一路”沿线国家的具体合作、交流过程中，受到地缘政治风险、文化冲突等方面的影响也相对较小，有助于“一带一路”建设的稳步推进。中医药既是传统丝绸之路上重要的中国元素，也是中国与“一带一路”沿线国家交流合作的重要内容，对于促进“一带一路”的民心相通、参与全球卫生治

[1] 搜狐网 . 2019 年京交会 |“国际化”中医药服务主题日启动 [EB/OL]. [2019-05-30]. https://www.sohu.com/a/317457610_161623.

[2] 中国中医药报 . 中医药国际合作专项工作会议召开 [N]. 中国中医药报，2018-08-31 (1) .

[3] 凌子平 .“一带一路”背景下中医药传播路径研究 [J]. 南京中医药大学学报 (社会科学版)，2018，19 (3)：157-159.

理、推动服务贸易发展等，都能起到重要的作用。

二、“一带一路”沿线各国对包括中医药在内的传统医学有客观需求

随着疾病谱和医学模式的改变，心脑血管疾病、糖尿病、肿瘤等慢性疾病因其长期用药、终身治疗的特点，逐渐成为各国沉重的医疗负担；而人们的健康观念也正在发生根本性转变，医学目的已由治疗疾病转向维护健康。在这种形势下，各国迫切需要更为实用、经济、人性化的医疗保健体系，来保障健康维护目标的实现。包括中医药在内的传统医学，因其悠久的应用历史和良好的可负担性、可获得性，在确凿疗效的支持下，很容易被当地民众所接受，因此在世界各国得到了更加广泛的推广和应用。

三、中医药在“一带一路”已有一定的发展基础

“一带一路”沿线国家大多有传统医药存在，其中多数具有中医药使用历史，拥有一定的群众基础。中医药在东南亚历史悠久，民众基础好，大多数国家已对传统医学 / 中医学进行立法。亚洲其他地区大多拥有自己的传统医学并依法进行管理，与中医药的交流历史悠久，对中医药的接受程度较高。欧洲地区使用传统药品的比例及占全世界草药市场中的份额都很大，近年来欧洲地区特别是中东欧与中医药合作交流显著增加，影响不断扩大。非洲地区的整体医疗水平相对较低，中医药保健品、青蒿素类抗疟药在当地很受欢迎，在南非等获得合法地位的国家，中医药发展情况较好。

四、“一带一路”的中医药产业发展正在兴起

随着共建“一带一路”深入发展，“一带一路”已成为我国医药外贸的新增长点，进出口增幅均超过 20%，远远高于国内医药行业增长。2019 年，中药类出口“一带一路”地区和国家市场达到 10.83 亿美元。其中，植物提取物 6.61 亿美元，占比 61.03%[1]。在“一带一路”建设的带动下，近年来中成药出口成功扭转

[1] 朱萍.“一带一路”医药外贸进入收获期 进出口增幅均超 20% [EB/OL].[2020-03-14]. https://www.yidaiyilu.gov.cn/xwzx/gnxw/120049.htm.

颓势，2021年出口额为3.1亿美元，同比增长17.9%[1]。同仁堂等一大批知名企业通过以医带药、医药结合等形式，在“一带一路”沿线国家大力发展境外网点，推进了中成药的出口。在各省市自治区中医药“一带一路”合作项目中，医疗服务、中药材种植、人才培养等都是主要的内容。中药产品的海外注册工作，也取得了明显进展。

[1] 朱仁宗. 中药进出口两旺　西药出口大增——2021年我国医药外贸情况简析[N]. 中国医药报，2022-04-11（5）.

中医药实施“一带一路”倡议与建设进展

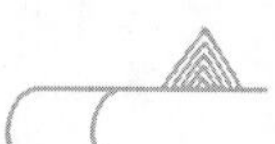

第一节　“一带一路”沿线国家的中医药发展现状与需求

一、东亚

与同属东亚的日本、韩国不同，蒙古与中国在传统医学方面的交流主要体现在藏医学方面，其所用的药材也大体上与藏医学所用的药材相同。蒙古传统医学同时也从中医学吸收了针刺疗法理论和技术，并在临床广泛、灵活地运用于多种疾病的治疗[1]。蒙古的传统医学早期以与萨满教相关的宗教干预治疗及具有游牧民族特色的酸马奶疗法、正骨术、动物皮毛疗法、外伤疗法等传统疗法为主。《四部医典》等藏医经典巨著传入蒙古后，蒙古人接受了“三因”“五源”等医学理论，形成一个具有完整医学理论和独特实践经验的医学体系[2]。蒙古国政府支持传统医学的发展，1999 年蒙古国议会专门颁布了“蒙古传统医药政策”，1992 年在卫生部成立“医疗政策的实施和协调部”以负责传统医学的管理[3]。在蒙古国，民众对传统医学的依赖度、认可度和需求度近年来都在持续升高。

二、东南亚

东南亚的传统医药资源丰富，中医药在东南亚的传播也有着悠久的历史，民众基础良好。目前，大多数东南亚国家已经对传统医学或中医学进行了立法。

（一）越南

越南与中国的云南、广西接壤，边境线长达 1 200 多千米。两国人缘相近，无论从历史、地理还是社会、文化等方面而言都有着密切的联系。中医药自公元

[1] 思琪．蒙古传统医学与中医药发展史及教育研究［D］．济南：山东大学，2016：1.

[2] 才让南加．浅谈蒙古国传统医学发展现状及其与藏医学的关系［J］．青藏高原论坛，2017，5（3）：19–20.

[3] 苏芮，苏右竹，苏庆民，等．“一带一路”沿线东北亚国家中医药政策及市场调查［J］．环球中医药，2018，11（12）：2008–2010.

前传入越南后，也一直为当地官方和民间所广为接受。越南政府早在20世纪80年代就颁布法令并明确提出要发展传统医药，明确在西医学机构中必须有传统医学，其传统医学发展计划还明确提出到2020年选择用传统医学看病的患者人数比例实现省级20%、县级25%、村级40%的目标[1]。2008年越南针对针灸从业人员颁布了管理条例，传统医学从业人员要得到国家、省、市或学会的认证才可以从业，针灸、草药以及中医药被全部纳入国家基本医疗保险[2]。越南的传统医学现在已经形成了一个体系，每个医院之中都有传统医学科，另外还有1万多个传统医学门诊室。每个医科大学都设有传统医学系，有传统医学方面的课程。在越南，还有传统医药大学以及传统医学研究院[3]。

（二）泰国

华人在泰国所占的比例较高，中医药在当地历史上有着深厚的群众基础。目前，中医在泰国已经合法化。1987年，泰国会上议院通过了一项议案，正式批准使用中草药。2000年，泰国政府公布《关于批准使用中医方法治疗疾病的规定》，并在2009年进行了修订[4]。2002年10月泰国卫生部设立传统与替代医学发展司作为泰国传统医学管理部门，2010年成立了泰国传统医药研究所。至2010年注册草药12 625种，已有21种草药以及50种配方草药被列入国家基本药物目录[5]。2012年，泰国卫生部成立中医执业管理委员会。2015年，卫生部长签署了国会通过的中医师开办诊所医院法令[6]。在泰国，中医执业必须参加泰国卫生部举

[1] 赵少钦，周青，孙永林，等．越南传统医学发展现状及对策研究［J］．亚太传统医药，2017，13（11）：1–3.

[2] World Health Organization. WHO traditional medicine strategy: 2014—2023［EB/OL］．［2013–12–25］. http: //apps. who. int/iris/bitstream/10665/92455/1/9789241506090_eng. pdf.

[3] 张梦雪．越南卫生部传统医药局局长范武庆：越南传统医学已成为独立体系［N］．中国中医药报，2017–07–07（3）.

[4] 李晓峰．东南亚四国中医发展析评［J］．环球中医药，2009，2（5）：385–386.

[5] 苏芮，庄庭怡，苏庆民，等．东南亚“一带一路”沿线国家中医药政策及市场调查［J］．环球中医药，2018，11（9）：1376–1378.

[6] 任杰慧，景军．太极资本：中医在泰国立法的启示［J］．北方民族大学学报（哲学社会科学版），2017（6）：90–94.

办的中医执业资格考试，通过之后才可以合法执业。至2016年初，泰国的合法中医师已近800名，每年还以100多名的速度增加。有7所泰国的大学设立了中医学系，开展中医本科教育。在政府与华侨社团的支持下，泰国华侨中医院等中医医疗机构得到迅速发展，并加强了与国内中医药机构的医疗、教学合作[1, 2]。

（三）马来西亚

自14世纪郑和下西洋起中医药传入马来西亚，20世纪20年代开始出现中医中药的组织机构。这些组织机构主办中医院、中医院校、中医研究机构，开展中医药的各类学术活动，领导马来西亚中医中药发展[3]。中医在马来西亚被纳入传统与辅助医学的范畴。1996年马来西亚卫生部成立了传统与辅助医药管理部门，2001年推出了传统与辅助医药的国家政策，明确规定将传统与辅助医药纳入以西医为主的政府医疗服务体系。1992年传统中药在马来西亚被纳入以监管西药为主的药品管制体系，2016年正式推出第一部包括中医从业人员的注册法令并开始执行[4]。马来西亚的中医教育已有60多年历史，通过中医学院、学系培养了一大批中医专业的毕业生。马来西亚的中医医院较少，中医从业人员主要集中在诊所和综合医院的传统医学科室。近年来，马来西亚中医药服务的需求不断增加，传统与辅助医药管理部门的数据显示，2007—2011年中医药行业在提供传统与补充疗法服务的场所中占36.3%，2012—2014年则达到了惊人的60.6%[5]。

（四）新加坡

中医药传到新加坡，最早可追溯到1867年新加坡同济医院的创立，此后陆续成立了一大批中医医疗、教育机构和行业组织。成立于1953年的新加坡中医

[1] 俞懿春．泰国“中医热”持续升温［N］．人民日报，2016-02-29（3）．

[2] 周建波，李婧．泰国华侨中医院的创新发展模式探究［J］．华侨华人历史研究，2018（1）：12-20.

[3] 胡以仁，黄保民，丁颖，等．中医药在马来西亚的发展状况及建议［J］．中医药导报，2016，22（19）：4-7.

[4] 蔡高茂，张其成．海外中医制度文化探索之马来西亚中西医结合概况与发展战略初探［J］．世界中医药，2018，13（11）：2927-2931.

[5] 肖睿．马来西亚中医发展特点和现状研究［D］．厦门：厦门大学，2018：45.

学院及成立于1972年的新加坡中医学研究院，至2003年共培养了1 800多名学生，大部分都成为政府承认的合法中医[1]。自20世纪90年代开始，新加坡政府开始关注中医药，卫生部于1992年成立传统中医药委员会，1997年设立中医药管理局。2000年11月，新加坡国会通过传统中医师法案，承认中医的合法地位，随后成立中医管理委员会，确立包括针灸师在内的中医师注册制度[2]。新加坡还是活跃的中药转口贸易中心，至2010年拥有中药店千余家，中医医疗机构30多所，中医师2 000多人[3]。新加坡与国内的中医药交流合作也日益频繁，不仅有一大批中医师赴国内各中医药大学攻读硕士、博士学位，新加坡中医学院还与南京中医药大学、广州中医药大学等联办中医学士、硕士、博士课程。此外还有上海申康医院发展中心与新加坡保健服务集团联合开展的中国中医药推广的活动，在新加坡中央医院中联合成立的宝中堂诊所等[4]。

（五）缅甸

在缅甸的现代医疗体系中，传统医学和现代医学是共存关系。历史上缅甸受到古印度文化和佛教文化的影响比较深，其传统医学理论也同样具有佛教医学的背景，同时又吸收了来自中国医学、西方医学和波斯医学等内容[5]。通过立法、设立传统医药管理部门、加强医疗设施建设和传统医学教育等措施，缅甸的传统医学在独立战争之后得到了一定程度的恢复和发展。中医药与缅甸传统医药的交流有着历史上的渊源，国内很多“南药”药材都来自缅甸，如补骨脂、大腹皮、槟榔、酸枣仁、蔓荆子、绿壳砂、郁金、姜黄、木蝴蝶、儿茶等。近年来，中医药在缅甸的传播与发展日益受到重视，在仰光和曼德勒等地都有寺庙组织的免费针灸诊所，云南中医药大学等也经常组织专家代表团赴缅甸开展中医义诊、教学和

[1] 李金龙. 新加坡中医药发展简介1867—2003［C］. 第七届全国中西医结合肾脏疾病会议专题讲座汇编，2003：187-190.

[2] 海外华人中医药群集体. 国际中医药发展和立法情况概览［J］. 中医药导报，2016，22（9）：1-5.

[3] 苏成吉. 新加坡中医药发展概况［J］. 天津中医药，2011，28（1）：80-81.

[4] 朱海青，田莉丽. 以新加坡宝中堂药房建设为例探讨海外中药房的建设［J］. 中国药师，2014，17（6）：1057-1059.

[5] 毕迎凤，Nay LT，张宇，等. 缅甸传统医药——过去、现状与未来［J］. 中国民族民间医药，2019，28（12）：1-6.

学术交流活动。2018年，缅甸传统医药司批准曼德勒传统医院设置针灸科室，并允许其所属其他传统医院设立针灸门诊，先前因各种原因关闭的针灸科室也将陆续开放接诊。与缅甸传统医药司合作、由云南中医药大学承担建设任务的中国-缅甸中医药中心也于2018年立项[1]。

三、南亚

南亚国家大多拥有自己本国的传统医学，并有相应的法律法规进行管理。南亚各国的传统医学既受到中医的影响，受印度医学的影响也比较大。

（一）印度

印度拥有较为成熟的传统医学系统，中印两国传统医学早在东汉时就开始有了往来。自宋代起，两国间的医药交往又通过海上航路继续发展，有不少印度药物作为贡品和通过民间贸易流入中国，同时也有许多中国药物输入印度[2]。在印度，西医和传统医学是完全相互独立的体系，现代综合医院中基本不设传统医学科室，传统医药医院一般也不使用西医疗法。印度政府长期以来一直支持传统医药发展，设有专门的传统医药部进行管理。截至2012年，印度共有2 420多家传统医学医院，15 000多家传统医药药房[3]。目前中医药在印度的传播主要以针灸为主，但该国政府对中医药的态度较为谨慎，既没有对中医进行立法，也没有放开对中医和针灸的引入。而印度民间则相对较为活跃，有不同形式的中医诊所（包括营利、非营利的针灸诊所和中医药综合诊所）。根据印度针灸协会的统计，目前印度的针灸诊所大约只有20家，而综合中医诊所的数量也并不多[4]。印度目前还缺乏对针灸的统一管理，也没有针灸的相关执业规定，但民众对针灸的信任度和使用率仍然很高。

[1] 魏宁颐，周青，左媛媛，等．“一带一路”倡议下中国-缅甸中医中心建立的思考［J］. 亚太传统医药，2019，15（6）：1-2.

[2] 王棣．宋代中国与印度洋沿岸各国的医药文化交流［J］. 华南师范大学学报（社会科学版），1992（2）：74-79.

[3] 张子隽，张咏梅，徐俊，等．印度传统医学的发展现状［J］. 世界中医药，2014，9（5）：654-657.

[4] 龙堃，郑林赟．中医药在印度发展的现状和策略探究［J］. 中医药文化，2018，13（6）：19-24.

（二）尼泊尔

尼泊尔医药主要分为西医药和尼医药，尼医药由尼泊尔卫生部传统医药局管理。尼医药与中医药均受到古代哲学思想的影响，在基础理论方面有相似之处，如中医药的五行学说和尼医药的五元素学说等[1]。尼医药的理论体系尚不完整，加之历史上的渊源关系，比较易于接纳中医药的理论。尼泊尔人对传统医药有着比较高的认同度，特别是在传统医药对治疗慢性病的疗效方面。1998 年，中国和尼泊尔两国签署了议定书，由中国政府对尼泊尔开展医疗援助。自 1999 年至今，中国已累计向尼泊尔派出 11 批医疗队，每批医疗队都包含两名中医医生，为患者提供针灸、拔罐、自制药膏敷贴外用等诊治服务。中医药推广活动开展较好，使越来越多的尼泊尔人认识和了解了中医药文化[2]。近年来，尼泊尔为发展本国经济，对其经贸政策进行了调整，在尼泊尔投资、研发、生产传统医药都属于鼓励和优先发展的领域。尼泊尔政府对中医药发展也非常重视，近年来的交流合作不断增加，设立的中国-尼泊尔中医药中心已在当地挂牌建设。

四、中亚

由于中亚国家居民饮食结构和生活方式的原因，心血管疾病、风湿病、骨质增生等病症比较普遍。中医药针对此类疾病进行治疗，见效既快又好，价格还比较低廉，因此备受中亚居民青睐，得到广泛认可。中亚多数国家的经济欠发达，在中医药领域合作时对中方的技术、资金和人力资源的依赖比较大。同时，作为上合组织成员，中国与中亚国家的友好合作有一定的法律基础平台。

（一）吉尔吉斯斯坦

吉尔吉斯斯坦是古丝绸之路上的重镇，和中国有很深的历史渊源。自汉代以来，迁居此地的华人逐渐把中国的农耕、饮食、中医药等文化带到了这里。吉尔吉斯斯坦有 200 多种具有药用价值的植物，其中大部分在中国境内同时也有分

[1] Kasi K，胡锦华，徐一兰，等．中医与尼泊尔传统医学基础理论比较［J］．天津中医药，2015，32（2）：121-123.

[2] 李曼玉．基于 SWOT 法分析中国派遣尼泊尔援外医疗队推广中医药的现状及启示［J］．中医药导报，2019，25（9）：3-6.

布，多数在中医药（包括民族医药）书籍中有比较详细的药用功效记载[1]。吉尔吉斯斯坦大部分民众以游牧生活为主，饮食以肉食、奶制品为主，风湿性疾病和心脑血管疾病的发病率较高，这些都是针灸疗法的优势病种。由于当地医疗条件相对较差，具有简、便、廉、验特点的针灸、拔罐、刮痧等治疗方法很受欢迎。中药的合法使用在吉尔吉斯斯坦仍受到药物准入制度的影响，而针灸专业则有一套完整的考核认证系统，市场上的中医药书籍也以针灸为主[2]。2013 年 11 月，国家中医药管理局与吉尔吉斯斯坦卫生部签署了《中医药领域合作谅解备忘录》，随后确定由甘肃省卫生计生委负责具体实施。2014 年 3 月，双方达成合作推动在吉尔吉斯斯坦成立中医中心等 6 个方面的合作意向[3]。

（二）哈萨克斯坦

哈萨克斯坦与中国山水相连，有着 1 780 千米的共同边界。习近平主席提出共建丝绸之路经济带的重大倡议，就是在 2013 年 9 月访问哈萨克斯坦之时，而哈方也在第一时间积极响应并全面对接。哈萨克斯坦低地、高山相连，气候环境常年处于低温状态，生态环境特殊，自然疫源性疾病多发，居民多生活在戈壁地区[4]。自 1991 年独立以来，哈萨克斯坦经历了一系列的变革，其国内的卫生体制也随之发生了转变。除了设置有大型的综合医院和一般的诊所之外，哈萨克斯坦还建立了很多专科医院，但各州之间、城乡之间的卫生资源差异较大，存在较为突出的卫生服务不平衡[5]。针灸在哈萨克斯坦有很长时间的使用历史，1980 年莫斯科反射疗法研究所就在阿拉木图 AIAMC 开设了针灸课程[6]。经过长时间的实

[1] 王国强，黄璐琦，谢冬梅．吉尔吉斯斯坦传统药用植物概况［J］. 中国中药杂志，2014，39（3）：391–396.

[2] 姚小强．吉尔吉斯斯坦共和国的针灸现状［C］. 甘肃省针灸学会 2016 年度学术年会，2016：355–357.

[3] 刘维忠．甘肃对外医卫合作取得新进展［N］. 中国中医药报，2015-07-17（7）.

[4] 王永春，龚亮，罗勇军．哈萨克斯坦的医学地理特点及其卫勤保障对策［J］. 国外医学（医学地理分册），2016，37（4）：292–294.

[5] 王笑笑，李金澄，杨威，等．哈萨克斯坦医疗卫生体制现况及发展计划［J］. 中国卫生经济，2016，35（7）：94–96.

[6] 哈萨克斯坦针灸教育的发展［J］. 国外医学中医中药分册，1998，20（1）：53.

践，中医治疗也逐渐为越来越多的哈萨克斯坦居民所认同[1]。近年来，随着“一带一路”建设的不断发展，中医药在哈萨克斯坦的合作也在不断推进，中国企业和医学院校已经开始在当地合作建立中医医院、建设中草药的种植基地，为当地培养中医药的人才[2]。

五、西亚

西亚地区传统医药悠久历史，传统医药资源丰富。大多数国家的医疗体系是以现代医学为主，也制定了关于传统医药 / 补充与替代医药的国家政策和法律、法规。有关养生保健以及治疗当地高发疾病的中成药很受欢迎。

（一）伊朗

伊朗有较为完善的分级医疗体系，初级卫生保健系统覆盖面广，是中东地区的医疗旅游目的地，医疗旅游也是伊朗的新兴产业之一。伊朗的传统医学起源于古希腊传统医学，具有悠久的历史，其基础理论为四元素学说，与中医学的五行理论相比有许多相似之处[3]。中伊两国传统医学在历史上即有较为密切的相互交流，对中国藏医等民族医学都有较深的影响，很多藏药典中记载的药物来自伊朗医学[4]。伊朗已有将传统医学纳入国家卫生体系的政策法规，但在执行力度方面还有所欠缺[5]。多数伊朗民众有应用传统医学的经历，对中药的接受程度也比较高[6]。近年来，中伊两国在传统医学领域加强了交流与合作。2017 年 12 月，国家

[1] 欧尔．哈萨克斯坦的医药卫生业［J］. 东欧中亚市场研究，2000（10）：30–36.

[2] 张汉晖．蹚出一条共同发展之路［N］. 人民日报，2018–06–03（3）.

[3] Farhad V, Farzad A. 伊朗传统医学概述及其对烧伤的治疗［J］. 亚太传统医学，2017，13（10）：1–2.

[4] 阿瑞祖，李澎涛，裴门，等．中医学和伊朗医学对藏医学形成和完善的影响［J］. 中国民族医药杂志，2010（5）：1–4.

[5] Negahban A, Maleki M, Abbassian A. Policies and laws related to the integration of traditional and complementary medicine into the Iranian health system based on the WHO definition: A document analysis［J］. Journal of Education and Health Promotion, 2019, 29（8）: 221.

[6] Mohammad SL, Mohsen AH, Zahra RS，et al. The prevalence of traditional and complementary medicine in the general population in Kashan, Iran, 2014［J］. European Journal of Integrative Medicine, 2016, 8（5）: 661–669.

中医药管理局与伊朗卫生部在北京签署了《传统医学合作谅解备忘录》，双方将建立传统医学合作框架，深化在传统医学科教、研发等领域的合作[1]。在2020年抗击新型冠状病毒肺炎疫情中，应伊方要求，中方也派出中医专家进行指导，并提供抗疫中成药给予援助。

（二）以色列

以色列拥有覆盖面广、服务均等、保障广泛的全民医疗保险体系，实行严格的分级诊疗制度，公共医疗服务高效、有序，各个医院、诊所相互之间无论公立、私立都有良好有序的协作关系[2, 3]。以色列的科技十分发达，其生命科学产业近年来呈现快速增长态势[4]。进入21世纪以来，中医药在以色列日益受到民众的欢迎，许多医院都设立了中医的诊室[5]，针灸、推拿在以色列的公立卫生机构中得到应用，数以千计的中医师大部分在私人诊所里坐诊并使用中草药[6]。以色列议会于2000年一度通过“以色列针灸法”法律提案，该项提案虽在2003年终止，但政府在实际工作中对针灸师的治疗行为予以了默认[7]。近年来，以色列与中国在中医药领域的合作交流不断增加，部分省市自治区的中医药院校、中医医院、企业与当地进行了医疗、科研、贸易等方面的合作。2018年5月，由浙江省中医院和以色列益年堂中医诊疗中心共同建设的中国-以色列中医药中心在以色列南部城市阿拉德市正式挂牌成立[8]。

（三）阿联酋

阿联酋地处亚、非、欧三大洲交会的海湾地区，地理位置独特，世界各国传

[1] 国合司．中伊签署传统医学合作谅解备忘录［EB/OL］.［2017-12-19］. http://www.satcm.gov.cn/guohesi/gongzuodongtai/2018-03-24/3572.html.

[2] 苏圣楠．高效有序的以色列医疗保险体系［J］. 商，2016（5）：72.

[3] 马晓静，朱晓丽，陈瑶．以色列公立医院改革的主要做法与特点［J］. 中国卫生政策研究，2012，5（8）：22-25.

[4] 张黎，杨立秋．解码以色列生物医药行业快速发展之谜［J］. 精细与专用化学品，2015，23（3）：5-14.

[5] 田涛．走进中国——访以色列驻华大使沙雷夫［J］. 国际人才交流，2002（2）：13-14.

[6] 世界中医药学会联合会．中医药在以色列发展现状［J］. 中医药国际参考，2010（9）：38-39.

[7] 骆璐，Maayan P，杨宇洋．针灸在以色列的发展情况［J］. 中国针灸，2016，36（8）：865-868.

[8] 于伟．中国-以色列中医药中心成立［J］. 中医药管理杂志，2018，26（11）：143.

统文化的相互交融和渗透在阿联酋体现得比较充分。阿联酋对世界各国传统医学的态度是兼收并蓄，比较开放。除了阿联酋自身的传统医学之外，其他传统医学如中医药学、印度医学在这里都有自己的生存环境[1]。阿联酋的中医药发展相对成熟，是承认中医药合法地位的国家之一，也是海湾阿拉伯国家合作委员会国家的中医药发展“引路人”，中医药服务已经成为当地居民和外来劳工的常规医疗服务形式[2]。阿联酋政府对传统医师和草药制剂进行法律管理。中医师到阿联酋执业，除了有中国中医师执照外，必须取得当地的补充与替代医师执照。在阿联酋注册的草药也必须首先在澳大利亚、比利时、巴西、加拿大、中国等国家中的至少三个国家获得注册方可申请[3]。近年来,国内与阿联酋的中医药合作与交流日益频繁。2017 年 11 月，中国-阿联酋中医药中心在迪拜成立。这是中东地区第一所由官方支持合作建立的中医药中心，由“海上中医”国际医疗健康服务平台与迪拜阿瓦尔家族合作发起组建[4]。

六、独联体

独联体地区具有重视针灸和中草药的传统，民众也比较信任中医。除摩尔多瓦外，独联体国家基本上都制定了有关草药的法律法规，都有草药注册登记制度。

（一）俄罗斯

俄罗斯没有自己的传统医学理论体系，实际应用的传统医学、替代医学主要有水蛭疗法、顺势疗法、指压、植物药疗法、医学推拿以及阿拉伯医学、印度医学、中医等传统医学，针灸在俄罗斯被称为“反射疗法”。自 20 世纪 50 年代以来针灸疗法受到苏联与俄罗斯民众的广泛关注，20 世纪 50 年代中期已在苏联合

[1] 代金刚 . 阿联酋的中医药发展现状［J］. 中医药国际参考，2013（10）：16–21.

[2] 宋欣阳，李绵绵 . 中医药参与海合会国家卫生治理述论［J］. 阿拉伯世界研究，2017（5）：58–73.

[3] 黄建银 . 中医药在阿联酋发展潜力大［N］. 中国中医药报，2013–05–10（3）.

[4] 国家中医药管理局 . 王志勇副局长出席中国–意大利中医药中心和中国–阿联酋中医药中心成立仪式［EB/OL］.［2017–11–28］. http://www.satcm.gov.cn/guohesi/gongzuodongtai/2018-03-24/3575.html.

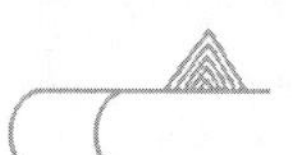

法化并逐渐开始普及，成为苏联与俄罗斯医学体系的一个组成部分[1]。2013年俄罗斯的中医师据估计已达23 000人，大部分以针灸师为主[2]。俄罗斯于1991年制定了传统医药政策，草药以处方药或OTC形式存在，但中药以药品身份推广的品种还比较少[3]。但随着1998年开始，传统中医、藏医和阿育吠陀医疗服务的法律地位被取消，2012年传统医学服务从持照医疗活动清单中删除，传统医学在俄罗斯的发展也面临法律环境较为严酷的问题[4]。近年来，中俄两国在中医药领域的合作与交流频繁，北京、吉林、甘肃、江西等地的中医药院校、医院、企业已在当地合作建设中医药中心等中医药机构，开展医疗、教育、科研、产业方面的合作。

（二）乌克兰

乌克兰是“一带一路”沿线的重要国家，当地民众对传统医学的态度也比较开放，包容并蓄。乌克兰民众大多通过针灸接触和了解中医药，对针灸的疗效比较认同。乌克兰各级医院的主要临床专科都会使用针灸，仅在乌克兰首都基辅，即有几十所著名的医疗机构运用针灸方法治疗各种疾病。乌克兰的中医教育重点也在针灸人才的培养，近些年来还建立了十余所针灸专科学校。至2017年底，乌克兰的中医诊所共有100多家，但其中通过乌克兰卫生部的审批和考核，并被允许注册运营的仍比较少。乌克兰当地草药资源较为丰富（有3 000多种），对中药也有一定的研究[5]。中乌两国近年来在卫生领域的合作不断增加，中医药领域的合作也日渐增多。乌克兰卫生管理部门和教育、医疗机构多次到中国交流访问，甘肃中医药大学在乌克兰已建立岐黄中医学院并开展了中医药健康文化传播活

[1] 杨宇洋，张文彭，朱建平，等．俄罗斯及前苏联针灸发展历史与现状［J］．中国针灸，2012，32（10）：928-932.

[2] 欧丽嘉·斯米尔诺娃．中医药在俄罗斯的发展近况［C］．第二届国际中医原创思维与扁鹊脉法论坛，2013：9-11.

[3] 黄建银．中医药在独联体有广阔市场前景［N］．中国中医药报，2012-10-25（3）.

[4] 王硕，宋欣阳，韦进深，等．“一带一路”倡议下俄罗斯中医药发展前景分析［J］．中国医药导报，2018，15（27）：126-129.

[5] 谢飞，温建民，孙卫东，等．中医药在乌克兰的发展现状［J］．世界中医药，2018，13（12）：3235-3238.

动。世界中医药学会联合会丝绸之路城市联盟成立大会暨中医药“一带一路”合作论坛也于2017年4月在乌克兰基辅举行。

（三）白俄罗斯

白俄罗斯是欧亚大陆交通运输的枢纽，也是最早响应“一带一路”倡议的国家之一。白俄罗斯人亲近中医药、相信中医药的疗效，有其独特的历史渊源。因为切尔诺贝利核电站事故，白俄罗斯近200万居民受到不同程度的核事故影响。1992年中国医疗队前往白俄罗斯后，使用中医疗法能有效减轻大多数患者的病情，计划在白俄停留1年的中医医疗队因为受到热烈欢迎而最终停留了2年。此后，两国政府之间的中医药合作不断增加，2008年“华佗再造丸”还首次以药品的身份得以注册进入白俄罗斯市场[1]。由于白俄罗斯实行全国免费医疗政策，加之经济发展因素等方面的影响，中医药在当地的发展整体上较为缓慢。随着“一带一路”倡议的提出和实施，白俄罗斯中医药的发展已经有了明显改变。目前已在明斯克、莫吉廖夫、戈梅利、格罗德诺开设了4个中医中心，甘肃、浙江、江苏、四川等省对接承担了中心建设工作。

七、中东欧

近年来中东欧中医药的发展呈上升之势，个别国家如匈牙利、捷克等国发展迅猛。中东欧国家在中医药立法、中医药海外中心建设、中医药合作交流等方面所取得的显著成效令世人瞩目。

（一）匈牙利

匈牙利国家医疗卫生体系以现代医学为主导，实行全民医疗保险制度。据史料记载和调查研究，中匈两国有着悠久的历史渊源，中医药在匈牙利民众中有着良好的基础。在中匈两国政府的共同推动和社会各界支持下，匈牙利中医团体带领行业同仁共同努力，中医事业发展获得了长足进步。针灸治疗与中医其他疗法正在为越来越多的匈牙利民众所接受，其基础理论也日益受到广泛的重视和肯定[2]。

[1] 王欣彤，蒋辰雪．“一带一路”倡议助推白俄罗斯中医药的新发展［J］．世界中医药，2019，14（9）：2533-2536.

[2] 张咏梅．匈牙利中医药的发展与现状［J］．世界中医药，2013，8（11）：1364-1367.

匈牙利中医药发展在中东欧16国中处于领先地位，是第一个与中国政府签署《“一带一路”谅解备忘录》的国家，也是第一个在欧洲实现中医立法的国家。中医教育自2009年起被纳入匈牙利高等教育体系，2014年2月中匈两国政府卫生部门签署了《中医药领域合作意向书》。在匈牙利国会2014年12月通过中医立法基础上，2015年9月匈牙利人力资源部颁布的中医法案实施细则正式生效[1]。从20世纪80年代合作开办针灸诊所开始，中匈两国中医药领域的合作与交流不断增加[2]。由黑龙江中医药大学、塞梅尔维斯大学合作的中国-中东欧中医药中心（匈牙利）于2015年开始建设，由甘肃省卫生计生委和匈牙利东方国药集团联合组建的匈牙利岐黄中医药中心也于2016年7月揭牌。

（二）捷克

捷克拥有健全的医疗卫生体系，其国民均参加全民医疗保险。针灸在捷克的传播较早，从20世纪20年代开始，出现了捷克官方承认的仅根据疾病选择穴位的“西式针灸”，自20世纪90年代以来，基于中医学背景的传统针灸在当地逐渐得到发展[3]。20世纪60—80年代，中医药进入捷克，捷克的医学院校开始给研究生开设相应的中医药课程。捷克目前还没有中医药的专项法规，中医从业人员也没有合法的独立行医资格，实际工作时只能挂靠于捷克医生的诊所名下，且无开处方的权利。捷克当地的医生在为患者服务时可以使用某些中医药方法，但中药只用作保健食品，不能作为药品使用。捷克有将近100家中医诊所，主要是开展针灸、按摩等具有康复性质的治疗[4]。随着深入实施“一带一路”倡议，近年来捷克中医药得到了较快发展，中捷双方的医学院校、医院之间有不少已建立了合作的关系。2015年6月，位于捷克赫拉-德茨克拉洛维大学附属医院的“中国-捷克中医中心”正式成立，这是中东欧地区第一家由两国政府支持合作的中医机构。四川、北京、福建等地也与捷克开展了政府、医院

[1] 于福年．中东欧16国中医药概况与发展战略思考［J］．中医药导报，2016，22（23）：1-5.
[2] 巴拉蜡·佳浓斯，吴滨江，朱民．匈牙利中医针灸发展和传播的研究［J］．中医药导报，2017，23（6）：1-3，7.
[3] 蔡娲，沈卫东．中医针灸在捷克的发展现状和展望［J］．中医药导报，2017，23（22）：1-3.
[4] 任鹏．中东欧首家中医药中心在捷克成立［N］．光明日报，2015-06-23（12）.

之间的中医药合作项目。

（三）黑山

黑山位于亚得里亚海东岸，属于海洋性气候环境，冬季多雨潮湿，当地有不少人都患有风湿类疾病。黑山共和国的药用植物资源比较丰富，当地民间医生用之防病治病，积累了大量知识、经验和使用方法[1]。黑山中国中医院是在黑山共和国政府支持下成立的唯一一家中国中医院，自2014年成立以后，得到了当地民众的充分认可，前来就诊的患者越来越多[2]。近年来，中黑两国的中医药合作不断增加，黑山议会也已在2015年通过制定法律，明确了中医治疗作为替代性医疗的合法地位。2016年底，在中国–中东欧“16+1”领导人里加会议上，中黑两国政府签署了《中国四川省中医药管理局与黑山尼克希奇市政府关于中草药种植及加工的合作备忘录》，并从次年开始正式推进实施。2017年6月，“中国–黑山中医药中心”在黑山首都波德戈里察揭牌，这也是继“中国–捷克中医中心”之后欧洲第二所中医药中心[3]。

（四）罗马尼亚

罗马尼亚是欧洲最早使用针灸疗法的国家之一，20世纪中期开始对针灸逐渐重视。1958年，该国“卫生部科学委员会”正式承认针灸是一种替代医学疗法，可以在官方正式的医疗实践中使用[4]。罗马尼亚的医疗行政管理体系中，目前虽有药草方面的传统医疗系统，但总体上其发展还处于初级的阶段。罗方的相关部门也支持在那些纳入国家医疗报销体系之内的公立医疗机构以及国家认可的私立医疗机构之中，开展中医药方面的合作，借以恢复罗马尼亚传统医疗[5]。近年来，国内政府部门、中医药机构与罗马尼亚方面的中医药合作交流不断增加。2017年11月，浙江中医药大学罗马尼亚中医中心在罗马尼亚

[1] 黄史乐，彭成，谢晓芳，等．“一带一路”沿线国家——黑山共和国民间医药整理研究的意义及方法分析［J］．成都中医药大学学报，2018，41（3）：124–126.
[2] 赵嘉政．黑山中医院成立三年，让中医文化蜚声黑山［N］．光明日报，2017–12–25（10）．
[3] 王慧娟．“中国–黑山中医药中心”揭牌［J］．中医药导报，2017，23（13）：129.
[4] 于福年．中东欧16国中医药概况与发展战略思考［J］．中医药导报，2016，22（23）：1–5.
[5] 凌成贵．借四川中医药之力恢复罗马尼亚传统医疗［N］．中国中医药报，2015–10–30（10）．

阿拉德郡瓦西里戈迪斯西方大学揭牌[1]；2018年3月，陕西中医药大学罗马尼亚锡比乌中医诊疗中心挂牌成立[2]。2019年7月，由民建北京市委医药健康委员会、罗马尼亚中国中心基金会联合发起的中国-罗马尼亚国际中医药培训基地揭牌。

八、非洲

非洲医疗卫生体系总体较为落后，当地的传统医学缺乏系统知识，虽然草药医生较为普遍，但实际的临床医疗水平比较低，对中医药的管理大多也缺乏系统的法律规定。非洲许多国家一直是中国进行医疗援助的国家，在长期的援非医疗工作中，非洲人逐渐认识并接受了用中医药技术进行疾病治疗和身体保健[3]。

（一）南非

南非位于非洲大陆最南端，中医药随华人移民传入南非已有200多年历史。自1963年中国政府首次派出援非医疗队开始，经过几代人的共同努力，南非政府于2000年10月以法令形式确定了中医药的合法地位，中医师可以在南非申请注册并领取执照[4]。此后，越来越多的中医师相继到南非发展，中医药理论研究、临床应用和培训教育等日益兴盛。南非卫生部设有卫生专业委员会和综合卫生专业委员会，综合卫生专业委员会负责包括中医在内的11个医学专业的相关管理工作，中医又具体由该委员会下属的“中医药与印度医学部”负责[5]。在南非申请注册中医师需要具备中医针灸大学本科学历，并通过综合卫生专业委员会指定的考试委员会的考试合格后，才能获得注册[6]。据统

[1] 蒋剑锋，金聪伟．罗马尼亚首家中医中心揭牌［N］．中国中医药报，2017-11-13（1）.
[2] 刘海燕．陕西中医药大学两所海外中医诊疗中心成立［J］．中医药管理杂志，2018，26（6）：33.
[3] 杨继红，宋强．中医药在非洲的发展概况［J］．世界中西医结合杂志，2013，8（2）：203，206.
[4] 侯建春，鲍燕．中医药在南非［J］．世界中西医结合杂志，2012，7（3）：259.
[5] 刘海舟．中医药在南非的发展现状及传播策略［J］．考试周刊，2016（9）：189-190.
[6] 海外华人中医药群集体．国际中医药发展和立法情况概览［J］．中医药导报，2016，22（9）：1-5.

计，南非共有 20 多万包括中医师在内的合法传统治疗师，六成以上的南非人曾求治于传统治疗师。中医药在南非整个医疗体系中占有重要地位，注册的中医师也逐年增加。

（二）摩洛哥

摩洛哥位于非洲西北部沿海地区，卫生服务体系的基础比较薄弱，贫困人口和农村地区的健康服务可及性较差。摩洛哥长期以来都寻求通过国际合作，以帮助提高当地的医疗服务能力[1]。受国家卫生部门委托，上海市从 1975 年起承担了援助摩洛哥的医疗工作。其中，位于穆罕默迪亚的中医针灸中心自 1986 年以来已开诊 30 余年，年门诊人数超过 1 万人次[2]。2020 年 1 月，中国驻摩洛哥大使与摩洛哥卫生大臣共同签署了关于在摩洛哥设立中医合作中心的协议，双方将通过中医中心等多元合作形式不断丰富和深化双边卫生领域合作[3]。

（三）马拉维

马拉维位于非洲东南部，是世界最不发达国家之一，当地医疗设施落后，缺医少药现象比较严重。马拉维是疟疾、艾滋病高发地区，全国每年感染疟疾的人数约有 600 万人次，占全国总人数的 1/3 以上。自 2007 年 12 月建交以来，中国多次派出医疗队，前往马拉维提供医疗服务。中方在科摩罗、圣多美和普林西比、马拉维以及多哥四国开展的“复方青蒿素快速清除疟疾项目”，取得了很好效果。2017 年 4 月，中马双方签署了《中国国家中医药管理局与马拉维卫生部关于传统医学领域合作谅解备忘录》，马拉维总统穆塔里在发言中希望中方帮助制定传统医学政策，发展马拉维传统医学[4]。2015 年，经中国财政部批准设立的第一批中医药国际合作专项中，由广州中医药大学负责在马拉维建立的中国-马拉维青蒿素抗疟中心名列其中。

[1] 吴晓东．摩洛哥卫生体系介绍［J］．中国卫生资源，2016，19（4）：358-360.

[2] 孙刚．在摩洛哥，我代表国家——记中国援摩洛哥医疗队的上海医生们［N］．解放日报，2017-11-15（7）.

[3] 邹世界．摩洛哥将建中医中心［N］．中国中医药报，2020-01-15（1）.

[4] 局文．马拉维总统会见王国强［N］．中国中医药报，2017-04-20（1）.

第二节　中医药参与“一带一路”建设的总体思路与进展

共建“一带一路”倡议提出与实施以后，国内中医药界积极响应并服务国家“一带一路”建设。通过组织召开专题研讨会，谋划中医药海外发展方针；在中国-中东欧国家卫生部长论坛、博鳌亚洲论坛、中阿卫生论坛等设立中医药专题或分论坛，向“一带一路”沿线国家推介中医药；进一步扩大和深化双边合作，实施中医药国际合作专项等支持措施，协调推进中医药海外发展的整体布局；推动相关省市自治区在“一带一路”合作建立中医药机构，促进中医药国际交流；努力争取中医药在国际上的话语权，持续推进中医药国际标准化发展。

2016 年 12 月，经国家推进“一带一路”建设工作领导小组审议通过，国家中医药管理局和国家发改委联合发布了《中医药“一带一路”发展规划（2016—2020 年）》。至此形成了以《中医药发展战略规划纲要（2016—2030 年）》为指导，以《中医药“一带一路”发展规划（2016—2020 年）》和《中医药健康服务发展规划（2015—2020 年）》为基础，以《关于推进“一带一路”卫生交流合作三年实施方案（2015—2017）》等为行动方案分层次推进的中医药参与“一带一路”建设总体思路。

一、思路与举措

（一）总体目标

《中医药发展战略规划纲要（2016—2030 年）》指出，实施“走出去”战略，推进“一带一路”建设，迫切需要推动中医药海外创新发展。提出到 2020 年，中医药对外交流合作更加广泛；到 2030 年，中国在世界传统医药发展中的引领地位更加巩固，实现中医药继承创新发展、统筹协调发展、生态绿色发展、包容开放发展和人民共享发展，为健康中国建设奠定坚实基础。支持中医药机构参与“一带一路”建设，扩大中医药对外投资和贸易。为中医药服务贸易发展提供全方位公共资源保障。鼓励中医药机构到海外开办中医医院、连锁诊所和中医养生保健机构。

（二）具体目标和思路

《中医药“一带一路”发展规划（2016—2020年）》提出到2020年，中医药“一带一路”全方位合作新格局基本形成，与沿线国家合作建设30个中医药海外中心，颁布20项中医药国际标准，注册100种中药产品，建设50家中医药对外交流合作示范基地。中医药医疗与养生保健的价值被沿线民众广泛认可，更多沿线国家承认中医药的法律地位，中医药与沿线合作实现更大范围、更高水平、更深层次的大开放、大交流、大融合。并明确提出五大任务和发展思路：政策沟通，完善政府间交流合作机制；资源互通，与沿线国家共享中医药服务；民心相通，加强与沿线国家人文交流；科技联通，推动中医药传承创新；贸易畅通，发展中医药健康服务业。

《中医药健康服务发展规划（2015—2020年）》明确中医药参与“一带一路”建设，遴选可持续发展项目，与丝绸之路经济带、21世纪海上丝绸之路沿线国家开展中医药交流与合作，提升中医药健康服务国际影响力。民族医药健康产业区以丝绸之路经济带、中国-东盟（10+1）、澜沧江-湄公河对话合作机制、大湄公河次区域等区域、次区域合作机制为平台，在边境地区建设民族医药产业区，提升民族医医疗、保健、健康旅游、服务贸易等服务能力，提高民族医药及相关产品研发、制造能力。

（三）重要举措

《中医药“一带一路”发展规划（2016—2020年）》明确提出建立多部门协调机制及将中医药合作纳入与沿线国家多、双边合作机制，以推动将“一带一路”中医药建设纳入国家外交、卫生、科技、文化、贸易等发展规划，加强与沿线国家政府间磋商力度；充分发挥丝路基金、国家政策性银行、社会资本等的支持作用，建立多元化投融资模式，在企业所得税减免等方面给予支持；通过多种途径和渠道，培养一批复合型人才，打造一支高素质的国际人才队伍；发挥推进“一带一路”建设工作领导小组和国家中医药工作部际联席会议制度作用，加强对政策落实的指导、督促和检查，健全地方各级政府的统筹协调机制和工作机制。

《关于推进“一带一路”卫生交流合作三年实施方案（2015—2017）》提出，根据沿线国传统医药及民族医药特点，开展有针对性的中医药医疗、教育、科研及产业等领域合作。包括开展“海上丝绸之路东盟行”，举办“中国-东盟传统医

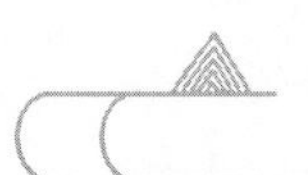

药交流合作中心建设项目”“第十六届世界传统药物学大会”“2015中国-东盟传统医药健康旅游国际论坛（巴马论坛）”“第三届中国（宁夏）民族医药博览会”以及“中国-捷克中医中心建设项目”等。

《推进“一带一路”建设科技创新合作专项规划》提出，加强对沿线国家特色药材和传统医药的挖掘与合作研发，构建传统药物种质资源库和标准化体系，推动中医药传承创新，推进中医药的养生保健、治未病等传统医学技术应用，促进中医药（包含其他民族医药）健康文化传播，开展高附加值传统药物、化学药、生物药等合作研发与产业化。

二、主要进展

自《中医药“一带一路”发展规划（2016—2020年）》发布并实施以来，政府部门、中医药机构和企业等围绕各项主要任务，开展了卓有成效的大量工作，取得了显著的进展。

（一）政策沟通

传统医学的交流沟通和经验分享在政府间合作中不断得到加强，为中医药机构“走出去”和中医药对外合作提供了平台和政策支持。“高位推动”助力政策沟通，营造了有利于中医药国际化发展的良好环境。截至2019年4月，习近平主席在上合组织成员国元首理事会会议等28场国际活动中宣介了中医药；中医药先后纳入中白、中捷、中匈联合声明以及《中国对非洲政策文件》等；国家中医药管理局已同40多个外国政府、地区主管机构签署了中医药合作专项协议[1]。在2019年10月习近平主席访问尼泊尔期间，两国领导人共同出席了双边合作文本交换仪式，其中就包括《中华人民共和国国家中医药管理局与尼泊尔卫生与人口部关于传统医学合作的谅解备忘录》。

（二）资源互通

因应国际需求，重点支持了中医药院校、医院、企业等各类中医药机构参与“一带一路”中医药建设，与沿线国家合作建立中医药海外中心，结合不同国家

[1] 中国中医药报．中医药之花绽放一带一路［N］．中国中医药报，2019-04-25（3）．

的医疗卫生和流行病学情况，面向当地民众提供中医药健康服务。并以医带药，推动中药产品在当地注册使用。自 2015 年中央财政设立中医药国际合作专项以来，已累计支持了 5 批中医药海外中心和中医药国际合作基地的建设工作。截至 2018 年 12 月，海外中心和国内基地在医疗方面累计服务外宾约 69.28 万人次（外籍患者约 54.47 万人次）。中医药服务正逐渐融入“一带一路”沿线国家医疗体系，成为沿线国家共享共建的卫生资源。

（三）民心相通

中国外文局对外传播研究中心面向五大洲 22 个国家开展的第五次中国国家形象全球调查（2016—2017）结果表明，中医药继续成为国家形象亮点。通过中医药海外中心以及“中医针灸风采行”等平台和活动开展，以中医药为载体积极传播了中华传统文化。在促进“一带一路”沿线国家中医药文化传播、推广的同时，进一步增进了信任、促进了友谊，为“一带一路”建设做出了贡献。截至 2019 年 4 月，“中医针灸风采行”已走入“一带一路”35 个国家和地区。在 2020 年新冠肺炎疫情迅速蔓延至世界各地之时，中医药作为重要的组成部分参与了国家对外防疫援助和抗疫经验分享工作。

（四）科技联通

国内中医药院校、医院、科研机构、中药企业“一带一路”与沿线一流机构和国际组织在中药种植、产品研发、药品注册以及国际标准化等方面的科技合作得到进一步加强，协同创新机制和合作平台建设不断完善。2019 年 5 月，第七十二届世界卫生大会审议通过了国际疾病分类第十一次修订本（ICD-11），首次纳入起源于中医药的传统医学章节。国际标准化组织成立的中医药技术委员会（ISO/TC249），秘书处设在中国，中国科学家首次担任主席。经中国主导的中医药标准发布后，煎药机国际标准制定企业每年贸易额增长 15. 2%，四诊设备国际标准制定单位产品的使用单位也大幅度增加[1]（表 3-1）。近年来，在沿线国家参与药品注册、认证的企业也逐渐增多，中药产品进入当地医药市场步伐正在加快。

[1] 中国中医药报. 中医药之花绽放一带一路［N］. 中国中医药报，2019-04-25（3）.

表 3-1 ISO/TC249 发布的中医药国际标准

标准名称	提交国家	出版时间
一次性使用无菌针灸针	中国	2014 年 2 月
中医药—人参种子种苗—第一部分：亚洲人参	中国	2014 年 4 月
中医药—煎药机	中国	2015 年 11 月
中医药—艾灸具通用要求	中国	2015 年 11 月
中医药—中草药重金属检测方法	中国	2015 年 8 月
中医药—中药编码系统—第一部分：中药编码规则	中国	2016 年 4 月
中医药— 一次性使用无菌皮内针	韩国	2016 年 8 月
中医药—艾叶	中国	2017 年 12 月
中医药—三七种子种苗	中国	2017 年 1 月
中医药—中医临床术语系统	中国	2017 年 2 月
中医药—中药编码系统—第二部分：饮片编码	中国	2017 年 3 月
中医药—中药编码系统—第三部分：中药材编码	中国	2017 年 3 月
中医药—中药编码系统—第四部分：中药配方颗粒编码	中国	2017 年 3 月
中医药—五味子种子种苗	中国	2017 年 3 月
中医药—丹参种子种苗	中国	2017 年 3 月
中医药—红参工业生产过程的通用要求	韩国	2017 年 4 月
中医药—真空拔罐器	韩国	2017 年 5 月
中医药—脉象仪触力传感器	中国	2017 年 5 月
中医药—刮痧器具	中国	2017 年 5 月
中医药—计算机舌像分析系统—第二部分：光照环境	中国	2017 年 5 月
中医药—三七	中国	2017 年 6 月
中医药—术语—第一部分：中药材	中国	2017 年 7 月
中医药—中药供应链管理编码规则	中国	2017 年 8 月
中医药—灵芝	中国	2018 年 12 月
中医药—口服或局部应用的中药产品的标签要求	日本	2018 年 1 月
中医药—天然药物加工过程的通用要求	日本	2018 年 4 月
中医药—穴位电阻检测仪	中国	2018 年 4 月
中医药—针灸疗法感染控制	韩国	2018 年 4 月

（续表）

标准名称	提交国家	出版时间
中医药—汉方方剂及产品编码	日本	2018 年 4 月
中医药—方剂编码系统	中国	2018 年 6 月
中医药—红外仿灸仪	中国	2018 年 8 月
中医药—汉方原药材词汇	日本	2018 年 8 月
中医药 —单味中草药国际标准制定优先级	中国	2019 年 11 月
中医药—当归	中国	2019 年 12 月
中医药—计算机舌诊系统—第五部分：舌质颜色和舌苔颜色采集和表示方法	中国	2019 年 1 月
中医药—丹参	中国	2019 年 2 月
中医药—板蓝根	中国	2019 年 2 月
中医药—铁皮石斛	中国	2019 年 2 月
中医药—计算机舌诊系统—第一部分：通用要求	韩国	2019 年 3 月
中医药—中药材商品规格等级通则	中国	2019 年 3 月
中医药—金银花	中国	2019 年 3 月
中医药—天麻	中国	2019 年 3 月
中医药 —腹诊仪	日本	2019 年 3 月
中医药—一次性电针针具的检测方法	韩国	2019 年 5 月
中医药—熏蒸治疗仪	加拿大	2019 年 5 月
中医药—无烟灸具的通用要求	韩国	2019 年 5 月
中医药—中西医结合临床术语分类系统	中国	2019 年 5 月
中医药—脉诊仪通用要求	韩国	2020 年 1 月
中医药—蒙古黄芪	中国	2020 年 1 月
中医药—词汇—第二部分：中药炮制	中国	2020 年 3 月
中医药—脉波格式	中国	2020 年 3 月
中医药—计算机舌诊系统—第三部分：色卡	日本	2020 年 3 月

（五）贸易畅通

“一带一路”中医药服务贸易稳步发展，中国与“一带一路”国家中药类贸易额占中国中药类商品进出口额的比例达到 50% 以上。一大批知名企业通过以医带药、医药结合等形式，逐步建立和完善以沿线市场需求为目标的中医药贸易和营销体系。中医药全面参与了中外自贸区谈判，中医药成为国际谈判的重要“进攻利益”，澳大利亚对包括中医师在内的中国特色职业每年给予 1 800 名配额，新加坡新增承认中国两所中医药大学学历，马尔代夫首次将中医药内容纳入自贸协定承诺表并允许在马合资设立中医医疗机构。与商务部联合开展的中医药服务贸易试点建设，三年建设期内 19 家重点企业、机构共接待境外消费者逾 450 万人次，服务贸易收入逾 10 亿人民币。

第三节　各地中医药参与“一带一路”建设的举措与成效

各省市自治区充分发挥自身优势，服务“一带一路”倡议的实施，贯彻落实《中医药“一带一路”发展规划（2016—2020 年）》，在依托“一带一路”促进中医药“走出去”方面积极开展探索实践，取得了显著的成效。

一、落实政策支持，明确任务措施

《中医药“一带一路”发展规划（2016—2020 年）》发布实施后，相关省市自治区在国家中医药管理部门指导下，制订专门的中医药“一带一路”规划或实施方案，并在配套资金支持等方面给予保障。截至 2019 年 4 月，国家中医药管理局引领并指导北京等 16 个省市自治区制订了专门的中医药“一带一路”规划或实施方案，10 个省市自治区设立了专门的配套资金，13 个省市自治区与当地发改委、商务部等部门建立了联动机制。

《北京市推进共建“一带一路”三年行动计划（2018—2020 年）》积极推动中医药“走出去”，鼓励本市中医医疗机构与相关国家加强合作，参与国家中医药海外中心建设，推进实施欧洲中医药发展促进中心、北京中医医院新加坡明医馆、乌兰巴托中医儿童脑瘫康复研究中心等重点项目，鼓励中医智库发展，打造“北京中医”国际品牌。实施服务贸易竞争力提升工程，提升技术、文化、中医药等服务贸易国际竞争力。

广东省出台《广东省促进中医药“一带一路”发展行动计划（2017—2020

年）》，明确完善中医药“一带一路”建设机制、推进粤港澳大湾区中医药发展、与沿线国家共享中医药服务、促进与沿线国家民心相通、促进文化传播营造良好中医药文化氛围、加快中医药科技推广、推进贸易畅通发展中医药健康服务业等7大任务和政策机制、知识产权、金融财政、税收优惠、人才队伍等方面的保障措施，以实现中医药与“一带一路”沿线国家传统医药和现代医学融合发展、完善省内政策支撑体系、建立与沿线国家合作可操作可借鉴的协调机制的发展目标。

二、致力高位推动，加强交流合作

各省、市、自治区政府部门在推动中医药“一带一路”发展中积极发挥引领作用，加强与沿线国家的卫生、健康部门及地方政府机构的沟通、磋商，通过签署、落实“一带一路”专项合作协议等形式，从政府层面促进了本省市自治区与沿线国家的中医药合作交流。截至2019年4月，已有24个省、市、自治区与外方签署了中医药“一带一路”合作协议。一些省、市、自治区还组织专家团队，赴沿线合作国家举行专门的中医义诊和中医药文化宣传活动，进一步增进友谊、促进合作。

为更好地服务“一带一路”建设，促进民心相通，为增进沿线各国人民健康福祉和建设人类命运共同体服务，在让世界了解中医药的同时促进中医药走向世界，北京、陕西、福建三省市人民政府配合国家相关部门，分别以“中医药：传承、发展与共享”“中医药促进大健康产业发展”“让世界了解中医药，让中医药走向世界”为主题，在西安、厦门和北京先后举办了三届“一带一路”中医药发展论坛。

为系统展示介绍中国中医药的政策、优势特色、科技创新、中医药技术、中华传统文化、健康养生等内容，自2017年开始，面向相关国家卫生部官员、大学医学部教授与讲师、医疗机构主要科室负责人、相关从业者，由上海市教育委员会主办、上海中医药大学承办的“一带一路”相关国家医学高端人士中医药研习班，至今已连续3年举办[1]。为帮助“一带一路”沿线发展中国家建立一支“不

[1] 易蓉.“一带一路”沿线国家中医药研习班在沪举办[EB/OL].[2019-10-17]. http://newsxmwb.xinmin.cn/shenti/2019/10/17/31598187.html.

走的中国医疗队”，由中国政府举办、相关省市自治区承办的援外中医技术培训班已经举办了6期[1]。

三、发挥地缘优势，助力举措实施

部分省、市、自治区充分利用邻近“一带一路”国家的地缘优势和长期以来的中医药合作交流基础，创造性地开展中医药参与“一带一路”建设工作，助力中医药国际化举措的实施，成效突出。

中国-东盟博览会是中国和东盟10国政府经贸主管部门及东盟秘书处共同主办的国际经贸盛会，迄今已成功举办16届，为服务“一带一路”建设发挥了重要作用。广西利用东博会举办地的地缘优势和作用，积极推进与东盟各国的中医药领域的合作，并致力于打造千亿级的中医药民族医药产业。目前广西已连续举办5届中国-东盟传统医药高峰论坛，中国-东盟传统医药交流合作中心落户广西，广西中医药大学、广西药用植物园等单位和东盟国家、港澳台地区建立了长效的合作机制。根据《“一带一路”背景下的桂港澳台与东盟中医药国际创新合作圈建设规划》，到2025年，广西将成立桂港澳台-东盟中医药创新合作圈。

新疆毗邻8个国家，是古丝绸之路三条通道和四大文明的交汇地，在中医药参与“一带一路”建设中占有天时和地利上的区位优势。新疆把医疗服务中心建设作为推动建设丝绸之路经济带核心区“五大中心”之一，在《中国·新疆丝绸之路经济带核心区医疗服务中心——中医民族医药发展规划（2016—2020年）》中，明确提出建设丝绸之路经济带核心区新疆中医民族医药国际医疗服务、药物研发、传统医学教育、药材资源开发、中药民族药产业发展和中医民族医药交流协作等中心平台。5年来，新疆在积极推进多层次、多领域人文交流以及医疗卫生等国际交流合作中取得积极成效，扎实推动核心区建设呈现良好的发展态势[2]。

[1] 谢建雯．中国中医正走向“一带一路”沿线国家［EB/OL］.［2019-09-13］. https://baijiahao.baidu.com/s?id=1644557178013393112&wfr=spider&for=pc.

[2] 吴卓胜，马仁婷．新疆发布丝绸之路经济带核心区建设进展情况［EB/OL］.［2019-06-21］. http://news.cnr.cn/native/city/20190621/t20190621_524658808.shtml.

黑龙江省人民政府办公厅2016年出台的《关于促进中医药健康服务发展的实施意见》，提出大力推进中医药服务贸易，致力开发中俄中医服务平台。近年来，黑龙江发挥地缘优势不断深化对俄中医药交流与合作，以传统中医及“龙江医派”技术为依托，立足“本土化”目标推进中医药合作项目“落地”。黑龙江面向俄罗斯的中医药推广，重点集中于学术交流、开办中医药机构，以及依托传统中医技术和自然医疗资源，结合中医药健康旅游、养老养生等服务形式吸引俄罗斯人，并开展疗养服务。同时，积极建设各类对俄中医药服务电子商务平台，推进俄罗斯患者专家预约、通关、组团、网上支付以及线上义诊、康复指导服务[1, 2]。

甘肃、云南、海南、广东、福建等省也因地制宜，面向周边和特定国家、地区，在中医药国际贸易、中医药健康旅游、中医药国际教育、中医药文化和学术合作交流等方面开展多层次、多领域的探索实践，有效推动了中医药参与“一带一路”建设工作的开展。

四、积极参与中医药海外中心建设

各省、市、自治区中医药管理部门、中医药院校、中医医院、科研院所、企业和社会机构积极响应政府间合作协议，充分发挥各自的资源优势和工作基础，参与中医药海外中心建设。在2015—2018年度国家中医药国际合作专项支持创建的49个海外中心和43个国内基地中，就有来自全国27个省、市、自治区的82家中医药机构和企业参与了专项建设工作[3]。除此之外，各地还以项目合作为基础，自发开展了海外中医药医疗、教育、研发中心建设。

[1] 闫睿．黑龙江加快中医药产业布局，促优势转化［EB/OL］.［2019-05-20］. http://www.xinhuanet.com/local/2019-05/20/c_1210138743.htm.

[2] 姜贺轩．黑龙江中医线上义诊为俄罗斯病人提供康复指导［N］. 经济参考报，2020-06-03（A06）.

[3] 国际合作司：国家中医药管理局召开2018年度中医药国际合作专项工作会议［EB/OL］.［2018-08-29］. http://ghs. satcm.gov.cn/gongzuodongtai/2018-08-29/7722.html.

第四节 中医药参与“一带一路”建设中存在的主要问题

中医药参与“一带一路”建设，以《中医药发展战略规划纲要（2016—2030年）》为指导，以《中医药“一带一路”发展规划（2016—2020年）》等为基础，在参与各方的共同努力下已经取得初步成果。但在实施过程中，也还存在一些比较突出的问题需要引起重视。

一、实施规划还需要更多具体措施的支持

规划的实施需要相关措施及行动方案的支持。《中医药“一带一路”发展规划（2016—2020年）》出台后，中医药国际合作专项以及《关于推进“一带一路”卫生交流合作三年实施方案（2015—2017）》等对巩固已有的中医药国际合作、积极推动中医药“走出去”提供了重要支持。但总体来看相关的支持力度和覆盖面还比较有限，政府部门之间、国家层面和地方之间的协调机制尚不完善，金融财税等方面的支持有待落实到位，实施项目的管理和绩效考核评价还需要进一步加强。随着中医药参与“一带一路”建设的不断深入，还需要根据实际情况变化在规划目标、布局、任务等方面进行相应的调整。

二、各地中医药“一带一路”建设发展不平衡

部分省、市、自治区在中医药“一带一路”建设中，不仅制订了专门的中医药“一带一路”规划或实施方案，还充分发挥自身优势，积极组织各方力量推进中医药国际合作交流项目生根、开花、结果。但也有一些中医药国际合作基础相对薄弱的省、市、自治区及其中医药机构，未能深刻领会和把握通过参与“一带一路”建设来促进中医药事业发展的有利时机，对中医药参与“一带一路”建设重视不够，一定程度上还存在“等靠要”的思想，在政策支持、组织协调、资源投入等方面明显不足，成效不显。

三、鼓励各方参与合作的机制有待进一步完善

推动中医药“一带一路”建设不仅需要政府部门以及中医药院校、医院、科研院所等体制内机构的参与，还需要充分发挥企业和社会资本的作用。在现阶段的中医药国际合作项目中，各方共同参与合作的模式已经开始逐渐形成，但还存在过于依赖政府推动等不足，鼓励各方参与合作的机制还不够完善。一是需要进一步放开合作方的准入限制，通过政策引导、市场选择，吸引各方共同参与中医药“一带一路”建设；二是多元化投融资模式需要进一步完善，以形成权责明确、优势互补、利益共享、风险同担的合作机制。

四、中医药国际化所需人才、产业的支撑不足

中医药国际合作需要一批既能够熟练应用中医药理论知识，又具备外语交流能力、熟悉国际规则的复合型中医药人才，同时还需要现代化、国际化中医药产业的支持。相对于不断深入发展的中医药“一带一路”建设而言，能面向国外提供中医药临床服务以及承担中医药教学科研、对外合作协调、服务贸易等方面工作的中医药国际化人才还明显不足，培养的层次、数量不能满足实际工作的需要。同时，中医药“一带一路”经贸合作的基础在总体上还比较薄弱，中医药产业的参与度还有待进一步提高。

五、对外合作还存在文化、法律、贸易等制约

中医药国际合作在“一带一路”国家的发展不均衡。由于文化信仰、风俗习惯、医学体系等方面原因，中医药理论、技术和医药产品等在一些国家目前还难以得到充分理解和应用。各国对包括中医药在内的传统医药立法程度差异很大，中医医师执业资格、中医诊疗费用纳入医保支付等在一些国家都受到不同程度的限制，政府间协议推动的特别措施也易受到当地政局变化的影响。此外，技术标准、绿色壁垒等形式的贸易保护措施在不同国家客观存在，限制了中医药服务贸易的开展。

中医药“一带一路”发展的实证研究

自“一带一路”倡议实施以来，国内外在对接“一带一路”促进中医药发展方面开展了大量的探索与实践，取得了初步的成效。本章选取国内积极开展中医药“一带一路”建设的甘肃省、中东欧地区具有代表性的波兰、中医药海外中心建设起步较早的中国-捷克中医药中心，作为实证案例进行分析研究，以期深入探讨中医药“一带一路”发展中的经验和启示。

第一节　甘肃省中医药“一带一路”建设简介

一、甘肃中医药文化传承

甘肃省中医药文化资源丰富，有岐伯中医药文化、敦煌中医药文化、皇甫谧中医药文化、武威汉代医简、藏医药文化等。

（一）岐伯中医药文化

据考证，岐伯为甘肃省庆阳县（今庆阳市）人。乾隆年间的《庆阳县志》记载岐伯为北地（今甘肃庆阳西北一带）人，精于医术脉理，著有《内经》并行于世，为医书之祖。《淮南子·修务训》：“世俗人多尊古而贱今，故为道者，必托之于神农、黄帝而后能入说。”如《内经》《神农本草经》等。托名岐伯的医籍同样也很多，如《汉书·艺文志》载《黄帝岐伯按摩》十卷，《隋书·经籍志》载《岐伯经》十卷，《新唐书·艺文志》载《岐伯灸经》一卷等，历代凡八种之多，均已佚，仅存书目。《内经》主要内容以黄帝、岐伯问答体裁写成，后世即将岐伯与黄帝合称，以“岐黄”代称《内经》，进而指中医、中医学。中医学与中国传统文化密不可分。现今在庆阳建有岐伯中医药博物馆，并形成中医药文化旅游景区。

（二）皇甫谧中医药文化

皇甫谧是甘肃灵台人，参阅大量医书、博采众长，集《素问》《针经》和《明堂孔穴针灸治要》“删其浮辞，除其重复，论其精要”，结合自己临证经验，形成《黄帝三部针灸甲乙经》（简称《甲乙经》）。《甲乙经》为后世针灸学树立了规范，被称为“中医针灸学之祖”。晋以后的针灸学专著，大多在参考《甲乙经》的基础上加以发挥编写；唐代医署开始设立针灸科，并将其作为必修教材。1 600

多年来，《甲乙经》为针灸医生提供了理论依据和临床治疗的具体指导；此书也远播海外，影响深远，特别受到日本和朝鲜重视。目前，在灵台，已经建成皇甫谧针灸诊疗中心；建成皇甫谧陵园（省级重点文物保护单位），并形成皇甫谧中医药旅游开发项目，宣传弘扬中医和针灸文化。

（三）《武威汉代医简》中医药文化

武威地处甘肃河西走廊东部，1972 年甘肃省武威旱滩坡一座东汉早期墓葬里出土了医药简牍 92 枚。据考古工作者推断，墓主人是一位年逾七旬的老医生。这些简牍是墓主人对自己多年行医经验和较为有效方剂的记录，根据出土地点和时期被称为《武威汉代医简》（简称《医简》)。《医简》中根据不同病情，以白蜜、猪脂、乳汁等作赋形剂，制成多种剂型的复方；给药方法可分酒饮、米汁饮等内服法和敷目、塞鼻、塞耳等外用法；给药时间也有先晡饭、暮吞等区别；还提及了忌荤菜、酒辛等服药禁忌。《医简》对药物炮制十分重视，记录了炮、炙、熬、煎、酒洗、去咸等 16 种炮制方法。《医简》的方剂已体现君臣佐使的组合变化，对于同样药味组成的方剂，根据病证不同，主药和各药之间剂量相应改变。《医简》共载药 100 余味，其中 69 味见于《神农本草经》，11 种见于《名医别录》，另外 20 余种未见于此两种本草中，从一个侧面说明药材品质与产地的关系。《医简》中有许多符合西北气候特点使用的地方性药物，如骆苏，即骆驼奶制成的酥。以此药配伍的方剂适合当地气候环境的使用。《医简》的发现对于研究中国古代医药学具有十分珍贵的科学价值。

（四）敦煌中医药文化

敦煌中医药资料发现于敦煌千佛洞莫高窟石室中。敦煌医学资料年代最早可追溯至先秦和汉代，绝大部分医书系南北朝以后隋唐时代著作。范围包括医经诊法类、医术医方类、针灸药物类、养生辟谷服食类等；还包括部分藏医药文献、道家医方和佛家医方资料。敦煌学的研究在国际上已有 80 多年历史，敦煌中医药文献资料研究也超过 70 年。20 世纪 60 年代《敦煌医学残卷——敦煌博物馆收藏的东汉医药木简的初步整理研究》发表（图 4-1），20 世纪 80 年代《敦煌古医籍考释》出版，1988 年《敦煌医粹》出版。1993 年《敦煌中医药全书》出版，该书提出了“形象医学”新概念，指壁画中反映出古代劳动人民在生产生活中与疾病斗争的方式方法。

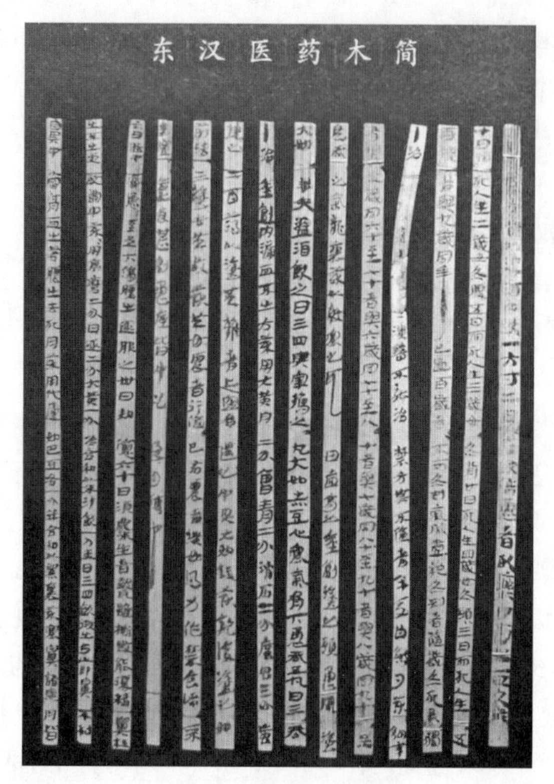

图 4-1 东汉医药木简

二、甘肃省“一带一路”中医药发展的思路举措

为深入推进中医药领域与“一带一路”沿线国家的交流合作，促进中医药国际化，按照文化先行、彰显疗效、强化认同、贸易跟进的思路，近年来甘肃省总结出了“以文带医、以医带药、以药带商、以商扶贫”的中医药国际化发展策略[1]。

（一）以文带医

甘肃省首先在文化上为中医进行宣传。这种宣传不是文化侵略，因为中医是关乎健康的科学，对于增强健康水平，任何国家和地区都有需求。因此，文化先

[1] 宋喜群.“以文带医、以医带药”——“一带一路”上的甘肃中医药[N].光明日报，2017-04-14（5）.

行立足健康推广中医，非但不会引起别国抵触和阻抗，更能得到所在国的认同。目前，甘肃省已经在俄罗斯、新西兰、法国、吉尔吉斯斯坦、马达加斯加、乌克兰、摩尔多瓦、匈牙利等国家成功建立岐黄中医学院，在吉尔吉斯斯坦、摩尔多瓦、马达加斯加、匈牙利成立了岐黄中医中心[1]。之所以选择这些国家，一方面是在既有的文化交流的基础上，有利于中医文化的推广；另一方面在于部分国家因经济水平不发达，医疗服务体系还不够完善，对于有助于改善健康状况且有价格优势的中医比较容易接受。总体上看，成立岐黄中医中心的国家数量相对较少，且以不发达或欠发达地区为主（图 4–2）。

文化先行的具体做法首先是得到认同。甘肃省在对方对中医有基本认同的基础上，合作开展岐黄中医学院的中医培训和教学。让更多当地希望接触了解中医的民众可以有机会参加中医学习和培训。事实上，在岐黄中医学院的短期培训生

图 4–2　甘肃省中医药管理局局长甘培尚接受课题组成员访谈

[1] 沈文刚，宋芳科，吕庚青，等．甘肃聚力“一带一路”中医药传播，海外建 14 个岐黄医学中心［EB/OL］.［2019–08–23］. http://gansu. gscn.com.cn/system/2019/08/23/012213016.shtml.

中，很多是当地的医务人员。在岐黄中医学院培训和教学的基础上，开设中医门诊，即岐黄中医中心。通过中医中心的建立和运作，让当地患者真实体验和感受中医的诊疗和疗效，进一步加大文化认同。

在实践中，为更好管理海外中医培训和诊疗机构，甘肃省出台了《甘肃省国（境）外岐黄中医学院管理办法》和《甘肃省国（境）外中医中心管理办法》。经过2年多的探索，即已累计派出中医药专家40多人，培训带教中医人员近千人，治愈当地患者2 000余人。作为“以文带医”的创新发展，微信、微博、微电影等新媒体技术的运用，也为中医药文化的国际传播提供了更加便捷的渠道[1]。

（二）以医带药

通过“以文带医”，让中医走出国门，只要中医在当地扎根，就会有后续的中药材需求，这是以医带药的主要构想。带出国门的医，不只是针灸、火罐等外治方法，还会涉及使用饮片和成药。目前，在国外设立的岐黄中医中心都有中药饮片的需求。甘肃充分调动药企积极性，参与到中医药“一带一路”发展规划中。甘肃省的地方品牌——兰州佛慈药业在俄罗斯、美国和东南亚沿海国家共计完成150个产品的注册，公司产品行销28个国家和地区[2]。这些产品主要是中成药，目前中药饮片注册的情况相对复杂。甘肃省另一家药企陇神药业也在吉尔吉斯斯坦注册成立了中医药公司，并在当地注册了元胡止痛滴丸等10种中药产品和中药颗粒[3]。

（三）以药带商

药企的积极参与，带动了以药物贸易为主的一系列对外服务与贸易产业链。贸易方向是双向的，甘肃省自身为中医药资源大省，而中亚国家气候条件与甘肃接近，同样可以产出含量达标的中药，如甘草。亚兰药业公司在哈萨克斯坦投资411万美元，建立了甘草酸生产厂，向国内输送了大量的甘草酸[4]。在与新西兰合

[1] 宋喜群．“以文带医、以医带药”——“一带一路”上的甘肃中医药［N］. 光明日报，2017-04-14（5）.

[2] 佛慈制药．2019年年度报告［EB/OL］.［2020-04-23］. http://gansu.gscn.com.cn/system/2019/08/23/012213016.shtml

[3] 宜秀萍．以文带医，以医带药，以药兴商［N］. 甘肃日报，2016-10-11（10）.

[4] 崔芳，方剑平．甘肃：打出中医药走出去“连环掌”［N］. 健康报，2016-09-09（3）.

作中，成立了中医文化交流中心，新西兰卫生部高级顾问大卫和新西兰针灸工会主席 4 次到甘肃访问，还签订了中药出口合同。通过以药带商，加大了中医药的出口，同时也为国内输送了优质的药物资源。

（四）发展中医药旅游

甘肃省编制发布《甘肃省发展中医药生态保健旅游规划纲要》，在省内主要风景旅游区建设中医养生、保健及食疗药膳等为主要内容的生态保健旅游产业体系。遴选了平凉伏羲庙、庆阳岐伯庙、灵台皇甫谧纪念馆、武威医简博物馆、敦煌莫高窟医学经卷等具有中医特色的项目纳入生态保健旅游景点，重点开发中医养生旅游项目。国家旅游局、国家中医药管理局已将甘肃东南部确定为陇东南中医药生态旅游创新区，各地投资 20 多亿元相继发展中医特色生态养生旅游产业，通过与俄罗斯、乌克兰、吉尔吉斯斯坦等国开展的中医药合作，以沙疗、水疗、药疗等中医特色疗法吸引国外游客前来游览体验，从而带动相关产业发展[1]。

三、发展中存在的问题

甘肃省试行中医药实施“一带一路”倡议以来，取得了一些成效，也发现了一些推广中的问题。

（一）中医药准入的法律限制

表现在医务人员执业和药品注册等几个方面。通过以文带医，相关国家民众看到中医疗效和价廉的优势，愿意接受中医治疗。但目前，即便在岐黄中医中心采取的也是政府特许的方式开展执业活动。这样对于中医的推广和发展是一道障碍。同时，有不少当地人包括医生在内，在岐黄中医学院学习或接受中医培训，但由于法律没有专门规定，因而产生的学生毕业、执业、诊疗等一系列问题。包括在甘肃留学的留学生将来回国执业同样存在问题。国内药企到相关国家开设药企，存在注册、认证等方面的不确定风险。特别是中亚国家是将中药饮片作为食品或保健品单项注册，既增加费用负担，又没有药品注册的法律保障。因此，虽然岐黄中医中心已经顺利开设，并应用了中药饮片，但品种和规格依然难以满足

[1] 康劲. 中医搭乘“一带一路”快车海外“圈粉”[N]. 工人日报，2017-06-18（3）.

中心的需要。

（二）经费支持问题

在先期以文带医的推广展示中，政府财政支持不足，甘肃省主要依托相关药企的经费支持。中医展示涉及国家形象，如果国家层面可以设立专项对中医海外展示进行支持，可能效果会更早、更快、更鲜明地得到体现。目前，甘肃的做法是对于赴国外中医中心工作的专家，给予享受原单位同样的薪资待遇和职称晋升待遇，并给予一定生活补贴。

（三）国家卫生（中医药）管理部门在合作中的支持

甘肃省在与相关国家合作开展项目过程中，主要与对方国家层面卫生主管部门进行协商，一级省政府与对方卫生主管部门并不对等。因此，很多有利于中医传播的事项无法谈成。如果国家层面可以介入，一起参与谈判，可能会出现更好的推动效应。

第二节　中医药在波兰的传播与启示

一、历史渊源

中医药在西方的传播与波兰有着较深的历史渊源。17世纪以天主教耶稣会传教士身份来华的波兰人卜弥格，是第一个将古代中医药知识全面介绍给西方的欧洲人。卜弥格编撰了《中医处方大全》《中国植物志》等书，将《内经》《脉经》等中医理论以及中草药通过书籍介绍到欧洲，脉诊、望诊、方剂、针灸穴位图解等都是经他首次向西方介绍的[1, 2]。

中医针灸在波兰的研究应用最早见于19世纪初。作为波兰针灸术的开拓者，安东尼·巴南诺夫斯基和约瑟夫·多马斯车夫斯基分别于1828、1830年完成了《中国和日本的艾灸》《脑积水与针刺术》两篇论文。而1830年通过这篇关于针灸的博士

[1] 张西平．卜弥格与中医的西传［J］．北京行政学院学报，2012（4）：123-128.
[2] 王银泉．十七世纪来华波兰耶稣会士卜弥格中医译介研究［J］．北京行政学院学报，2014（3）：113-121.

论文评审的，是波兰一所著名的大学——亚盖隆大学（Jagiellonian University）。

亚盖隆大学是波兰历史最悠久的一所大学，建于1364年，自建立伊始就是欧洲最重要的教学与研究基地之一。隶属于亚盖隆大学药学系的克拉科夫药剂博物馆（the Krakow Museum of Pharmacy），集中展示了药物加工、贮存、计量、实验的器具以及书籍、药剂、草药、名人简介、药房（店）标志等，还专门设置了模拟古代药房、制剂室的场所（图4-3）。其中展示的一些药物如水蛭、䗪虫、牡蛎、麝香、牛黄、雄黄、滑石等，现已列入中药范畴。

20世纪60年代，一些波兰医生重新致力于针灸术的引进工作，特别是用于镇痛治疗。在兹·加尔努谢夫斯基教授等人的极力争取下，经过细致考察，波兰于1976年确定把针灸术列入波兰医学之内，并要求进行临床检验和考核。随后，针灸门诊、培训、学术交流等方面工作逐步展开，针灸疗法在波兰得到了进一步的推广应用和深入研究[1]。

图4-3 克拉科夫药剂博物馆外景

[1] 乔玉山．加大对外交流促进祖国医学发展——考察俄罗斯、波兰、匈牙利中医药纪实［J］．中医药导报，2011，17（10）：106-108.

二、中医药在波兰传播概况

传统医药在波兰由卫生部管理，2001 年波兰卫生部成立了 TM/CAM 管理机构及国家专家委员会。波兰主要有两个中医药行业组织——波兰中医药协会和波兰针灸协会。其中，波兰中医药协会是波兰最主要的针灸培训组织，致力于建立全国范围的针灸培训规范和资质认证体系；波兰针灸协会主要从事针灸术推广、行业内交流和对外合作等工作。

至 20 世纪 80 年代，针灸疗法在波兰已得到较为广泛的应用，目前中医针灸疗法在波兰则已更加普及和深入。波兰历来有作为“补充和替代医疗”手段利用草药和针灸疗法的传统，但迄今没有针对中医药的专门立法。相关数据显示，2004 年波兰约有 7 万名补充和替代医疗从业者。波兰劳动管理部门承认针灸师、按摩师、推拿师、正骨师、足底按摩师等类别的从业者，但这些类别的技师并不属于专业的医生[1, 2]。图 4-4 为在波兰的克拉科夫中医中心。

图 4-4　克拉科夫中医中心

草药在波兰属于 12 个类别药物中的一类，但地位相比其他西药要低，一般都属于非处方药，而且也须遵守药品检测、上市前审批等相关规定。2010 年颁布的《国家药典》涵盖了草药内容，名称为 *Polish Pharmacopoeia*，具有法律效力。由于波兰没有出台有关中医药的相关法律，中药产品目前还无法进入波兰市场并进行流通。在波兰，中医治疗主要

[1] 驻波兰经商参处 . 波兰中医药服务贸易发展情况[EB/OL].[2015-07-01]. http://www.mofcom.gov.cn/article/i/dxfw/jlyd/201507/20150701031355.shtml.

[2] 于福年 . 中东欧 16 国中医药概况与发展战略思考［J］. 中医药导报，2016，22（23）：1-5.

通过私人诊所、家庭医生和推拿按摩保健机构等形式存在，中医机构的数量和规模比较有限。而在波兰民众中，针灸治疗、推拿按摩、中医养生保健的作用已得到较为广泛的认可。

中波两国在中医药领域多层次的合作交流，自 20 世纪 80 年代以来日渐增加。2016 年 6 月，中国中药协会副会长与弗罗茨瓦夫医科大学校长代表双方签署《中波中医药合作备忘录》，中波中医药合作中心也正式挂牌成立并专注中西医结合抗肿瘤研究。由山东中医药大学牵头，波兰林特集团、格但斯克 TOMO 中医学院、卢布林医科大学参与合作的中国-波兰中医药中心，也于 2018 年立项建设[1]。同仁堂在欧洲的首家门店——波兰同仁堂华沙一店，于 2014 年 1 月正式开业[2]。

图 4-5 为在波兰克拉科夫举行的第二届国际中医大会现场。

图 4-5　第二届国际中医大会在波兰克拉科夫举行

[1] 王文博．中医药“一带一路”合作加快推进［N］. 经济参考报，2017-07-19（7）.
[2] 李增伟，冯雪珺，李永群，等．中医药的外国朋友圈越来越大［N］. 人民日报，2017-01-20（22）.

三、启示

（一）针灸是中医药走向世界的先锋

从 17 世纪波兰人卜弥格首次将中医药介绍到欧洲，针灸就是最早走向西方的中医药治疗方式。随着 20 世纪中叶苏联和中东欧地区反射疗法的研究应用，以及 20 世纪 70 年代初尼克松访华期间美国记者接受针灸治疗的亲身经历和宣传，针灸在欧美地区迅速得到了传播。针灸能够作为中医药走向世界的先锋，与其见效快、副作用小、资源依赖少以及从业人员接受培训的周期相对较短等因素有较大的关系，中医药“简便验廉”的特点在针灸体现得比较充分。

（二）行业组织是推动发展的重要力量

中医药行业组织对于海外中医药发展有着十分重要的作用，是推动中医药“一带一路”建设发展的重要力量。从波兰的两个主要中医药行业组织也可以看出，一方面，所在国家、区域的中医药行业组织承担着行业内部和外部学术交流、推广、合作的职能，发挥学术组织的作用；另一方面，一些行业组织还承担了当地中医药执业资质培训、认证等职能，发挥了承接政府部门职能的第三方作用。从相关国家的中医药立法实践来看，这些行业组织在推动当地中医药立法方面同样起着至关重要的作用。

（三）产业介入夯实合作的利益基础

在中医医疗、教育、科研等方面的国际合作中，政府部门以及中医医疗、教育、科研机构是合作主体，在合作中起着关键的作用。而利益是合作的基础，在合作中引入产业机构共同参与或推进企业在当地的发展，有助于密切参与各方的利益关系，夯实合作的利益基础。在中国-波兰中医药中心等中医药海外中心建设以及中药产品进入海外市场中，相关企业的介入逐渐成为主要合作方式，促进了中医药“一带一路”建设的顺利开展。

第三节 中国-捷克中医药中心

一、成立背景

中国-捷克中医药中心成立于共建“一带一路”倡议实施的大背景下。2013

年5月，在第六十六届世界卫生大会期间，国家卫生和计划生育委员会与捷克卫生部在瑞士日内瓦签署了《捷克共和国卫生部与中华人民共和国国家卫生和计划生育委员会关于卫生领域合作2013—2016年度执行计划》，鼓励两国科研机构和卫生机构之间积极开展合作。2014年10月，在捷克总统泽曼访华期间，双方又签署了《中华人民共和国国家卫生和计划生育委员会和捷克共和国卫生部关于中捷两国医疗卫生战略合作的谅解备忘录》，明确将进一步加强在卫生体制、公共卫生、临床医学、中医药和健康服务业等领域的交流和合作[1]。

以中捷相关合作框架为支撑，上海与捷克在卫生领域的双向交流合作明显加快。上海市2013年与捷克卫生部签署传统医学领域合作协议，此后双方频繁互访，探讨在捷克赫拉德茨-克拉洛韦大学医院共同建设“中国-捷克中医中心”，推进在传统医学领域的合作。2015年4月，上海中医药大学附属曙光医院和捷克赫拉德茨-克拉洛维大学医院代表在上海市人民政府签署了《中捷传统中医药领域合作谅解备忘录》。2015年6月，作为中国卫生领域的首个“一带一路”项目，“中国-捷克中医中心”正式挂牌成立，刘延东副总理出席揭牌[2]。2015年9月，中心中医门诊部开张，中捷两国卫生部门代表一同参加了剪彩仪式。

中国-捷克中医药中心致力于中医药临床治疗、教育培训和应用研究，为捷克及周边国家民众提供中医药保健和医疗服务。同时，通过临床等研究的方式，为推动中医药在捷克、中东欧国家的进一步应用、发展并融入当地医疗卫生体系奠定基础。2015年11月27日，国务院总理李克强在京与来访的捷克总理索博特卡举行会谈。在两国总理共同见证下，双方签署《关于进一步支持中国传统医学在捷发展的联合声明》。捷克卫生部、赫拉德茨-克拉洛韦大学医院、上海中医药大学附属曙光医院和中国华信能源有限公司当日还签署了《谅解备忘录》[3]。

[1] 中华人民共和国驻捷克共和国大使馆．中国同捷克的关系［EB/OL］.［2019-10］. https://www.fmprc.gov.cn/ce/cecz/chn/zjgx/qt/t1622386.htm.

[2] 捷中友好合作协会．首家中国-捷克中医中心揭牌［EB/OL］.［2015-06-28］. http://www.czechchina.com/?p=6918&lang=zh-hans.

[3] 丁洋．中捷中医药合作迈向深入［J］. 中医药管理杂志，2015，23（24）：7.

二、发展概况

中国-捷克中医药中心具体由赫拉德茨-克拉洛韦大学医院与上海中医药大学附属曙光医院合作，中方负责为中心提供人员和技术支持，捷方则负责提供运营场地和政策法规支持。中医中心坐落在赫拉德茨-克拉洛韦大学医院内，首批中医专家为骨伤科、针灸科高级职称中医师各 1 人，半年后主要由针灸科专家在中心坐诊。由于中方人员在当地的执业许可等方面原因，患者均先经过捷方西医医生确诊，适用中医方法的转由中方专家诊疗[1]。

自 2015 年 9 月中心门诊部开张后，当地民众反响十分热烈，运营数月预约患者即已经排到半年以后。来中心就诊的患者大多来自捷克当地，多见顽固性颈肩腰腿痛和各种神经系统疾病，如头痛、神经炎、中风等，此外还有消化科、妇科、皮肤科疾病。虽然因中医治疗尚未纳入当地医保，诊疗完全自费，收费标准也较高，但因为相信中医疗效，很少有患者因费用问题而放弃治疗[2]。截至 2018 年底，医疗团队已接诊捷克和周边患者近 3 万人次，不仅让当地人获得良好的中医疗效体验，更保持了自开诊以来的“零投诉”纪录[3]。

除治疗患者外，中心还承担着中医药科研、培训、文化建设等方面任务。在派出国内专家来中心诊疗的同时，捷克的医生也会来这里学习、提高中医水平，并通过他们向当地的医保部门证实中医临床疗效，争取纳入医保支付范畴（图 4-6）。中心开展的课题包括针刺疗法对偏头痛、子宫肿瘤术后放化疗副作用以及缓解支气管镜术后不适的疗效研究等。合作双方不定期开展培训交流互访，还与 Aequa 科学平台、剑桥大学共同签署了《中医药研究合作备忘录》。在中医药文化推广方面，中方专家利用业余时间向捷克民众义务开展了小讲课、功法辅导等中医科普活动，受到当地民众的一致好评（图 4-7）。

[1] 王义 . 中医减轻了我的痛苦——走进“中国-捷克中医中心”[EB/OL].[2016-03-29]. http://www.cntcm.com.cn/2016-03/29/content_13279.htm.

[2] 左妍 . 中捷中医中心开张半年一号难求 [N]. 新民晚报，2016-04-05（A9）.

[3] 宋琼芳，左妍 . 中捷中医中心“一带一路”送健康 [N]. 新民晚报，2019-10-13（6）.

图 4-6 上海中医药大学附属曙光医院的中国 · 捷克中医药合作交流展示墙

图 4-7 当地民众在中方专家带领下习练中医导引功法易筋经

中国–捷克中医药中心在两国政府及参与各方的大力支持下，经过5年建设，取得了比较突出的成效。但建设过程中同样也还存在一些问题和不足。一是国际化人才储备相对匮乏，难以适应“一带一路”中医药发展规划的要求；二是中心的资金注入不足，发展中还存在不少困难；三是中医医师认证、费用纳入医保支付、中药饮片应用等方面存在限制，法律法规有待完善。此外，民众对中医药的认可度还可以进一步提高。

三、启示

（一）政府间协议有效推动深入合作

中国–捷克中医药中心的成功立项和建设、运营，得益于中捷双方有关医疗卫生领域的合作计划、备忘录，以及上海与捷克在传统医学领域合作协议的支持。在近年来的中医药海外中心建设等中医药国际合作项目中，政府间合作协议的推动作用也同样体现得比较充分。与中医药机构自发的合作相比，政府间协议推动的合作在政策支撑、舆论导向、资源配置、措施保障等方面都有明显的优势，有利于合作的不断深入开展。

（二）民众接纳是进一步发展的前提

在5年来的运营过程中，中国–捷克中医药中心依靠良好的临床疗效在当地赢得了患者的青睐和支持。中心开展的形式多样的中医药科普宣传活动，又为当地民众理解、接纳中医药增添了助力。中心能够牢牢坚守阵地并不断得到发展，与逐渐坚实的群众基础是分不开的。中医药在海外传播固然需要通过科普和文化宣传，促使当地民众理解、认同中医药，但同样还需要通过实实在在的临床疗效，让当地民众进一步支持和运用中医药。

（三）立法是中医药纳入体系的保障

中心的中方专家在捷克行医一直存在执业资质方面问题。从最初需要经过特批才能在捷方西医的配合下进行中医药诊疗，到2017年6月捷克参议院通过卫生部提交的一项包括中医行医者受教育条件相关内容修订案，以及后来实际操作中出现的一些反复，执业资质问题始终缺乏强有力的保障。而中医诊疗费用纳入医保支付、中药饮片在当地应用等，也是长期以来的“老大难”。唯有实现在当地中医药立法，才能保障中医药真正融入该国的医疗保障体系。

中医药海外中心建设

中医药海外中心是指国内外共同合作在海外建立的，具有中医药医疗、教育、科研、文化交流等功能，集服务、展示于一体的机构，是中医药国际化发展的重要载体和方式。近年来，在国内外各方的高度重视和大力支持下，中医药海外中心建设得到快速发展，取得了阶段性的成效。进一步把握中医药海外中心发展的现状，分析当前存在的突出问题并拟定相应的对策措施，对于加快中医药海外中心的全面、协调、可持续发展，具有十分重要的意义。

第一节　中医药海外中心建设的背景与意义

中华人民共和国成立以来，通过援外医疗、合作办学等多种方式，国内中医药在海外已陆续开展一系列的中医药医、教、研机构建设，取得了初步的成效，为中医药走向世界做出了贡献。随着“一带一路”倡议的实施，中医药助力国家规划的作用得到高度重视，中医药国际化的地位与价值日益凸显，以海外中心为主要形式的中医药海外基地建设得到了进一步的支持与发展。中医药海外中心建设的意义主要体现在以下几个方面。

一、更好地服务于国家规划和经济社会发展需要

近年来中医药在经济社会发展全局中的重要意义日益凸显，中医药作为独特的卫生资源、潜力巨大的经济资源、具有原创优势的科技资源、优秀的文化资源和重要的生态资源，已得到广泛的认同。加快中医药海外中心在世界各国特别是“一带一路”沿线国家的布局，是把中医药工作主动纳入国家经济社会发展大局以及共建“一带一路”规划的重要举措，不仅有助于促进中医药服务贸易发展，也是体现中华优秀传统文化、增强中国软实力的载体和途径，对于促进对外交往、推动经济发展、保障人类健康等都有十分重要的意义。

二、近距离服务海外民众，树立主流中医药品牌

随着中国医药国际化步伐的不断加快，目前中医药已经传播到 183 个国家和

地区，有 86 个国家政府与中国签订了有关中医药的合作协议[1]。据不完全统计，海外有近 10 万个中医诊所、数十万中医从业人员散布世界各地，为当地民众提供中医药服务。作为国内地方政府部门、中医药院校、大型公立中医医院、相关企业共同参与建设的中医药海外中心，拥有丰富的国内中医药资源和成功的服务模式，其在当地为海外民众直接提供高质量的中医医疗保健服务，有助于树立主流的中医药品牌，坚定海外民众对中医药的信心。

三、发挥桥梁作用，促进中医药文化传播与交流

中医药海外中心是集中展示优秀中医药文化的平台，从环境布置、形象设计、服务宗旨、服务理念、行为规范到具体的医疗、教学、培训、展览、交流活动等，都能有效地促进中医药文化的传播。建设中医药海外中心，不仅密切了合作双方机构之间、中医药人员与当地民众之间的联系，也吸引了相关政府部门、其他医教研机构、企业等的共同关注和参与，很好地发挥联结各方的桥梁作用，进一步推动其他方面的中医药对外交流与合作工作。

四、以医带药，促教兴商，推动中医药走向世界

中医药因其独特的预防保健理念和技术方法体系，能与现代医学形成优势互补，有助于解决医疗保障体系存在的问题，在海外具有较大的吸引力。大多数中医药海外中心都以中医医疗服务作为主要合作内容，通过中医诊疗服务促进当地健康服务发展，进一步增强了所在地民众和政府部门、医教研机构、企业对中医药的了解和信心，有助于对长期阻碍中医药“走出去”的一些困难和问题进行重点破解，推动中医药的理论、文化、服务和产品整体走向世界。

五、有助于推动中医药在当地的立法进程

海外中医药立法是确保中医药进入当地主流医学的保障。中医药海外中心因其官方合作身份和主流中医药品牌效应，能更好地调动各方资源，及时反馈当地

[1] 中华人民共和国国务院新闻办公室．中国的中医药［R］. 2016.

中医医生执业、纳入医保、技术规范、行业标准等方面存在的突出问题，推动当地中医药立法工作。从已有的中医药海外中心实践来看，部分中医药海外中心已将立法列为合作的重要内容，已经推动匈牙利、捷克等国中医药立法进程。

第二节　中医药海外中心建设的进展

一、设立中医药国际合作专项

2015 年以来，由国家中医药管理局申请、财政部批准设立的中医药国际合作专项，已累计立项支持了 5 批“一带一路”中医药海外中心建设。2015—2018 年度中医药国际合作专项共开展了 49 个海外中心和 43 个国内基地的创建工作，遍布全球五个大洲、35 个国家，来自全国 27 个省、市、自治区的 82 家中医药机构和企业参与了专项建设工作[1]。部分省、市、自治区的中医药管理部门、中医药院校、中医医院、企业也以项目合作为基础，自发开展了海外中医药医疗、教育、研发中心建设。

二、中医药海外中心建设概况

2016 年 12 月出台的《中医药“一带一路”发展规划（2016—2020 年）》，明确提出沿中蒙俄、中国-中亚-西亚、中国-中南半岛、新亚欧大陆桥、中巴、孟中印缅等国际经济合作走廊，在中亚、西亚、南亚、东南亚、中东欧、欧洲、大洋洲、非洲等区域建设 30 个中医药海外中心[2]。从表 5-1 所列中医药海外中心的地域分布来看，超过半数集中在中东欧和欧洲，其后为亚洲、非洲、北美洲、大洋洲。其中，中亚、西亚、东南亚、南亚各有 1 ～ 2 个中医药海外中心分布。

[1] 国际合作司：国家中医药管理局召开 2018 年度中医药国际合作专项工作会议［EB/OL］.［2018-08-29］http://ghs. satcm.gov.cn/gongzuodongtai/2018-08-29/7722.html.

[2] 国家中医药管理局，国家发展和改革委员会 . 中医药“一带一路”发展规划（2016—2020 年）［Z］. 2016-12-26.

表 5-1　部分中医药海外中心概况

中心名称	设立时间	地点	国内承担单位	国外合作机构	合作范围
中国-美国中医药肿瘤合作中心	2014	华盛顿	中国中医科学院广安门医院	振东集团	科研
中国-捷克中医药中心	2015	赫拉德茨-克拉洛韦州	上海中医药大学附属曙光医院	赫拉德茨-克拉洛韦大学医院	医疗、科研、教学
中国-吉尔吉斯斯坦中医药中心	2015	比什凯克	甘肃中医药大学附属医院	吉尔吉斯斯坦卫生部	医疗、培训
中国-法国巴黎中医药中心	2015	巴黎	江苏省中医院	皮切·萨尔贝蒂耶-夏尔富瓦医院集团	科研
	2018	塞纳	世界中医药学会联合会	法国塞纳中心医院	医疗
中国-马拉维青蒿素抗疟中心	2015	利隆奎	广州中医药大学	马拉维卫生部和疟疾中心	科研、产业
中国-马来西亚中医药中心	2015	马来西亚	湖北中医药大学	KPJ 医药集团	教育、培训、医疗、科研
	2017	双溪龙	广西中医药大学	马来西亚拉曼大学	教育、医疗、科研
中国-澳大利亚中医药中心	2015	墨尔本	南京中医药大学	澳大利亚教育管理集团（AEMG）	教育
	2016	悉尼	北京中医药大学	西悉尼大学	医疗、教育、科研、文化
	2018	悉尼	北京明医康原健康投资管理有限公司	明医堂	医疗
中国-卢森堡中医药中心	2015	卢森堡	湖南中医药大学	卢森堡国家健康研究院	科研
中国-中东欧中医药中心	2015	布达佩斯	黑龙江中医药大学	塞梅尔维斯大学	医疗培训
中国-瑞士中医药中心	2016	苏黎世	南京中医药大学	瑞士明道中医集团	教育、培训、养生、医疗
	2018	日内瓦	陕西中医药大学	瑞士董博士集团	医疗

（续表）

中心名称	设立时间	地点	国内承担单位	国外合作机构	合作范围
中国-葡萄牙中医药中心	2016	里斯本	江西中医药大学	葡萄牙传统医学院，葡萄牙仁和堂责任有限公司	培训、医疗、文化、产业
中国-尼泊尔中医药中心	2016	加德满都	山东省泰安市中医医院		医疗
中国-西班牙中医药中心	2017	加泰罗尼亚	北京市中医药对外交流与技术合作中心	西班牙加泰罗尼亚自治区知识商务部	医疗、保健、教育、
中国-黑山中医药中心	2017	波德戈里察	成都中医药大学附属医院	黑山中国中医院	医疗、教育、科研
中国-北欧中医药中心	2017	斯德哥尔摩	传统医药国际交流中心	瑞典 BIYUN 中医大学	教育
中国-意大利中医药中心	2017	罗马	世界针灸学会联合会，中国针灸学会	帕拉塞尔苏研究所，罗马萨宾撒大学	医疗
中国-阿联酋中医药中心	2017	迪拜	上海医药国际服务贸促中心	迪拜哈姆丹智慧大学	医疗
中国-罗马尼亚中医药中心	2017	亚阿拉德郡	浙江中医药大学	Vasile Goldish 西方大学	教育、康复、医疗
中国-以色列中医药中心	2018	特拉维夫	浙江省中医院	雷德曼学院，麦卡碧医疗中心	医疗、教育
中国-菲律宾中医药中心	2018	菲律宾	福建中医药大学	菲律宾中医及针灸诊疗中心	教育、医疗、科研
中国-缅甸中医药中心	2018	缅甸	云南中医学院	缅甸传统医药卫生司	医疗、教育
中国-泰国中医药中心	2018	曼谷	辽宁中医药大学附属第二医院	泰国庄甲盛皇家大学	医疗、教学、科研、文化
	2018	曼谷	上海中医药大学附属龙华医院	泰国华侨中医院	医疗、教育、培训
中国-新加坡中医药中心	2018	新加坡	北京中医医院	新加坡鹏瑞利中医医疗管理有限公司	医疗、培训、科研
中国-毛里求斯中医药中心	2018	毛里求斯	上海中医药大学附属岳阳中西医结合医院	毛里求斯城市医疗集团	医疗、培训

（续表）

中心名称	设立时间	地点	国内承担单位	国外合作机构	合作范围
中国-摩洛哥中医药中心	2018	穆罕默迪亚	上海中医药大学	穆罕默迪亚省卫生厅	医疗
中国-波兰中医药中心	2018	波兰	山东中医药大学	波兰林特集团、格但斯克TOMO中医学院、卢布林医科大学	医疗、教学、科研、文化
中国-德国中医药中心	2018	汉诺威	中国中医科学院	德国中医学会、汉诺威医科大学	医疗、科研、培训
	2018	魁茨汀	北京中医药大学东直门医院	魁茨汀医院	医疗、培训、科研、文化
中国-荷兰中医药中心	2018	荷兰	山西中医药大学	荷兰Thim大学	医疗、教学
中国-挪威中医药中心	2018	挪威	中国中医科学院眼科医院	圣・奥洛夫眼科诊所	医疗、科研、
中国-白俄罗斯中医中心	2016	格罗德诺州	甘肃省中医院	格罗德诺州卫生厅，格罗德诺州国立医科大学	医疗、培训、文化
	2018	明斯克州	浙江中医药大学附属第三医院	白俄罗斯明斯克州医院	医疗、教学
中国-莫桑比克中医药中心	2019	莫桑比克	粤澳中医药科技产业园开发有限公司	莫桑比克卫生部	医疗、培训
埃塞俄比亚中国中医中心	2015	亚的斯亚贝巴	中国援外医疗项目	提露内丝北京医院	医疗
北京中医药大学美国中医中心	2016	罗克韦尔	北京中医药大学		教育、医疗、研究、文化
上海中医药大学马耳他中医中心	2015	马耳他	上海中医药大学	马耳他大学	教育、医疗
上海中医药大学INOVA中医中心	2017	弗吉尼亚州	上海中医药大学	美国爱诺华医疗集团	医疗、科研、教学
马其顿什提普大学中医中心	2017	斯科普里	成都中医药大学	什提普大学	医疗、培训、教学

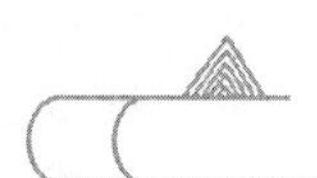

（续表）

中心名称	设立时间	地点	国内承担单位	国外合作机构	合作范围
陕西中医药大学罗马尼亚锡比乌中医诊疗中心	2018	锡比乌	陕西中医药大学	锡比乌大学	医疗、培训、文化
陕西中医药大学俄罗斯圣彼得堡中医诊疗中心	2018	圣彼得堡	陕西中医药大学	俄中“一带一路”中医药文化发展理事会	医疗、培训、文化
中-巴民族医药研究中心	2017	卡拉奇	湖南中医药大学	巴基斯坦卡拉奇大学	科研
甘肃中医药大学马达加斯加中医中心	2015	塔那那利佛	甘肃中医药大学	塔那那利佛马义奇医院	医疗、培训
摩尔多瓦中医中心	2011	基希讷乌	商务部、甘肃中医药大学	摩尔多瓦国立医药大学	医疗、教学

资料来源：政府部门、高等院校、中医医院官网及相关门户网站。

作为响应“一带一路”倡议的重要举措之一，上述中医药海外中心多设立于2014年之后，其中部分系在原有合作基础上进行建设。这些海外中心多作为政府间合作协议的一项内容以复合机制进行建设运营，国内承担单位主要为中医药院校或其附属医院，国外合作机构也以大学、医院为主，部分海外中心还吸收相关的企业共同参与。中医药国际合作专项立项支持的前3批中医药海外中心，共有59家国内机构参与其中。

根据《中医药“一带一路”发展规划（2016—2020年）》的要求，中医药海外中心建设以政府支持、民间运作、服务当地、互利共赢为原则。从目前情况来看，各海外中心主要采用政府主导的公益模式进行建设和运作。国家层面给予少量的项目资金对部分海外中心进行引导和扶持，国内承担单位（包括共同参与建设的相关企业）作为投资建设的主体，并提供中医药人员和技术方面的支持。国外合作方则主要以当地机构的运营场地等相关资源作为投入进行项目合作，并提供政策法规支持。

中医药海外中心多以中医医疗保健服务为主要业务，并同时承担技术培训、文化传播等方面的职能。个别海外中心已发展成为当地的中医医院，或附设有中医药博物馆等相关机构。国内派出的中医药人员以中、高级职称的医务人员为主，限于海外中心规模，同时派出的人员数量一般都比较少。从部分海外中心的业务发展情况来看，就诊患者多为慢性病患者，特别是遭受疼痛困扰的患者比较多见。其中，多数患者会进行中医针灸治疗，一部分患者会开中草药处方治疗。

部分海外中心以教育教学或科研开发为主要业务，有的还与相应产业项目有机结合。海外中心在中医学历课程教育和在职培训教育中，主要承担临床实习等方面职能，促进建立全面的中医药人才培养体系。科研方面业务包括联合开展中医药基础和临床科研、中药和保健品联合研发、医药产品的质量标准化研究等。部分海外中心业务还包括共同实施产业化项目，开展当地中草药的开发、中药产品和器械在国外的推广销售等。

第三节 存在的主要问题

中医药海外中心发展具有良好的基础，取得了较为显著的成绩，但也存在不少比较突出的问题需要解决。

一、发展不够均衡，区域影响有待加强

从中医药海外中心的地域分布来看，目前过于集中在欧洲和中东欧地区，南美洲尚无布点，非洲数量还相对较少，亚洲地区的布点集中在东南亚，六条国际经济合作走廊中还存在一些空白点，与中国合作较为紧密的上合组织、“金砖”五国成员中也还有较大的发展空间。现有海外中心之间发展也不均衡，部分承担单位实力有限、双方互动较少的海外中心发展比较缓慢，还存在启动较慢、规模偏小、功能单一的问题，对周边地区的影响力还有待加强。

二、投入来源较少，发展后劲略显不足

中医药海外中心现阶段多由承担建设的中医药院校、中医医院筹集资金投入，少数海外中心的企业合作方也主要是以公益的心态参与，总体上投入比较有

限。面对中心建设、运营、宣传以及进一步发展的需求，现有投入模式在支撑海外中心可持续发展方面已呈现出不足。即使是发展较好的中国-捷克中医药中心，同样也存在资金投入方面的困扰。与此同时，因为参与各方的投入资源不一，随着业务的深入开展，在权益分配上也需要进一步协调。

三、缺少法规支持，医生执业受到限制

中医药海外中心发展的主要障碍之一，是各国有关传统医学的法律法规制约，包括中医医师执业资格、中药产品准入、中医诊疗费用纳入医保支付范围等都受到不同程度的限制。在中医药海外中心集中分布的中东欧和欧洲地区，仅匈牙利、捷克等个别国家已对中医立法。即使在发展条件较好、已对中医立法的一些国家和地区，因为主要是对针灸立法，中医医师执业、中药药品使用等同样受到限制，一定程度上影响了中医药特色优势的发挥，也增加了海外中心的运营成本。

四、专家资源有限，需求难以完全满足

中医药海外中心接诊的多为当地西医和传统医学未能解决、疗效不佳的患者，涉及的科室及病种数量比较多，客观上要求提供医疗服务的专家既要具备扎实的中医理论和临床功底，临床疗效突出，又要有良好的外语听说交流能力。而海外中心因自身规模以及国内派出中医药人员的数量限制，能够为当地民众面对面提供中医药服务的专家比较有限。因此，有相当一部分患者的需求难以及时满足，预约周期也比较长，如中国-捷克中医药中心的患者就已经预约到半年以后。

五、缺乏建设标准，考核评价尚需完善

总体来看，中医药海外中心建设目前尚处于探索阶段。因为各个海外中心所在国家的具体情况差异很大，承担建设的国内单位和国外合作方也各不相同，至今还缺乏统一的中医药海外中心建设和考核评估标准。由于缺乏相应标准，各个中医药海外中心的建设从人员、设施配置到服务功能等都还处于各自为政的状态，有的海外中心已逐渐开始融中医药医、教、研、文化和产业为一体，有的则仅有数人开展单一的医疗咨询服务。目前这种状况，不利于形成统一的中医药海外中心品牌并发挥整体效应。

第六章

中医药在新型冠状病毒肺炎疫情中的作用和国外疫情中的应用

第一节　中医药在国内新型冠状病毒肺炎疫情中的作用

新型冠状病毒肺炎（简称“新冠肺炎”）是人类近百年来所遭遇的影响范围较广的全球性大流行病，对全世界都是一次严重的危机和考验。中国把人民生命安全和身体健康放在第一位，采取最全面、严格、彻底的防控措施，果断打响疫情防控阻击战，有效阻断了病毒传播链条。而充分发挥中医药的重要作用，是新冠肺炎疫情防控“中国方案”的一大亮点。

为全力做好新冠肺炎疫情防控，武汉市自2020年1月23日起“封城”。1月25日，首批国家中医医疗队即进驻武汉金银潭医院，几日后正式整建制接管一个独立重症病区——南一病区，开辟了中医治疗新冠肺炎重症的“示范田”[1]。在疫情防控过程中，国家卫生健康委员会办公厅和国家中医药管理局办公室先后7次颁布《新型冠状病毒感染的肺炎诊疗方案》（第一版至第七版）。其中，第三版至第七版中明确中医治疗方案，提出新型冠状病毒感染的肺炎属于中医疫病范畴[2]。2020年8月，又修订完成了包括中医治疗的《新型冠状病毒肺炎诊疗方案》（试行第八版）[3]。2022年3月，《新型冠状病毒肺炎诊疗方案》（试行第九版）也已完成修订[4]。

在此次疫情中，中医药充分发挥治未病、辨证施治、多靶点干预的独特优势，全程参与、深度介入了疫情防控。从中医学角度研究确定新冠肺炎的病因病

[1] 王君平．首批国家中医医疗队接管金银潭医院病区纪实［N］．人民日报，2020-04-24（6）．

[2] 赵广娜．两个90%告诉你中医药参与新冠肺炎治疗有多强［EB/OL］．［2020-04-07］．http://www.satcm.gov.cn/xinxifabu/meitibaodao/2020-04-07/14511.html.

[3] 中华人民共和国国家卫生健康委员会．关于印发新型冠状病毒肺炎诊疗方案（试行第八版）的通知［EB/OL］．［2020-08-19］．http://www.nhc.gov.cn/yzygj/s7653p/202008/0a7bdf12bd4b46e5bd28ca7f9a7f5e5a.shtml.

[4] 中华人民共和国国家卫生健康委员会．关于印发新型冠状病毒肺炎诊疗方案（试行第九版）的通知［EB/OL］．［2022-03-15］．http://www.nhc.gov.cn/yzygj/s7653p/202203/b74ade1ba4494583805a3d2e40093d88.shtml.

机、治则治法，形成了覆盖发病全过程的中医诊疗规范和技术方案，并在全国范围内全面推广使用。各地中医医院、中医团队参与新冠肺炎救治，中医医疗队整建制接管定点医院若干重症病区和方舱医院，其他方舱医院也派驻中医专家。

总体来看，中医药在新冠肺炎防控中早期介入、全程参与、分类救治，参与救治确诊病例的占比达到92%。其中，湖北省确诊病例的中医药使用率和总有效率都超过90%。以所筛选的金花清感颗粒、连花清瘟胶囊 / 颗粒、血必净注射液和清肺排毒汤、化湿败毒方、宣肺败毒方等“三药三方”为代表的针对不同类型新冠肺炎的治疗中成药和方药，临床疗效确切，有效降低了发病率、转重率、病亡率，促进了核酸转阴，提高了治愈率，加快了恢复期康复[1]。

据中国工程院院士、天津中医药大学校长张伯礼在与国际同行分享时介绍，此次中医药介入新冠肺炎防控有以下几个心得和经验：一是对“发热、留观、疑似、密接”人员坚决隔离，并服用中药汤剂和中成药，阻止疫情蔓延。二是在方舱医院进行中医综合治疗，除服用汤剂或者中成药外，还有按摩、刮痧、贴敷等综合治疗手段，显著降低轻症转为重症的比例。三是对重症患者实行中西医结合治疗，西医为主，中医配合。四是在患者出院后的康复阶段，采取中西医结合办法，做一些呼吸锻炼，同时配合中医药针灸、按摩等综合疗法，对脏器损伤的保护、对免疫功能的修复都有积极作用[2]。

党和政府对中医药在新冠肺炎疫情中发挥的重要作用给予了高度肯定。在2020年9月8日举行的全国抗击新冠肺炎疫情表彰大会上，习近平主席指出：“面对前所未知的新型传染性疾病，我们秉持科学精神、科学态度，把遵循科学规律贯穿到决策指挥、病患治疗、技术攻关、社会治理各方面全过程。在没有特效药的情况下，实行中西医结合，先后推出八版全国新冠肺炎诊疗方案，筛选出‘三药三方’等临床有效的中药西药和治疗办法，被多个国家借鉴和使用。”[3]2021年5月12日，习近平主席在河南省南阳市考察时指出：“经过抗击新冠肺炎疫

[1] 中华人民共和国国务院新闻办公室．抗击新冠肺炎疫情的中国行动［Z］. 2020年6月．

[2] 陈海波，张亚雄．中医药能为世界各国抗击疫情带来什么［N］. 光明日报，2020-03-24（3）．

[3] 习近平．在全国抗击新冠肺炎疫情表彰大会上的讲话［EB/OL］.［2020-09-08］. https://baijiahao.baidu.com/s?id=1677257093527450498&wfr=spider&for=pc.

情、非典等重大传染病之后，我们对中医药的作用有了更深的认识。我们要发展中医药，注重用现代科学解读中医药学原理，走中西医结合的道路。”[1]

 第二节 中医药在国外新型冠状病毒肺炎疫情中的应用

新冠肺炎疫情发生以后，中国始终同国际社会开展交流合作，分享包括中医药防治经验在内的疫情信息，力所能及地为国际组织和其他国家提供援助。国家中医药管理局联合上合组织睦邻友好合作委员会召开“中国中西医结合专家组同上海合作组织国家医院新冠肺炎视频诊断会议”，指导世界中医药学会联合会和世界针灸学会联合会开展“中医药抗疫全球直播”“国际抗疫专家大讲堂”等活动[2]。中国有关组织和机构向意大利、法国等十几个国家和地区捐赠了中成药、饮片、针灸针等，并选派中医师赴国外支援[3]。一些国家对中方介绍的中医药诊疗新冠肺炎方案产生浓厚兴趣，希望能引进中药治疗新冠肺炎患者[4]。

随着新冠肺炎疫情在全球大流行，中国抗击疫情的经验也受到越来越多的关注，不少国家开始向中国“取经”。从 2020 年 3 月 11 日起，中央广播电视总台中国国际电视台（CGTN）推出特别节目“全球疫情会诊室”，以视频连线方式向全球分享抗疫经验。“全球疫情会诊室”特别开设“中医专场”，张伯礼院士、黄璐琦院士、仝小林院士等中医药专家分别与国外同行、海外留学生等，就中医药抗疫经验进行了交流分享[5]。2020 年 5 月 20 日，世界针灸学会联合会召开新冠

[1] 张晓松，朱基钗．习近平：进一步发展中医药［EB/OL］.［2021-05-13］. http://www.xinhuanet.com/politics/leaders/2021-05/13/c_1127439912.htm.

[2] 中华人民共和国国务院新闻办公室．抗击新冠肺炎疫情的中国行动［Z］. 2020 年 6 月．

[3] 习近平．在全国抗击新冠肺炎疫情表彰大会上的讲话［EB/OL］.［2020-09-08］. https://baijiahao.baidu.com/s?id=1677257093527450498&wfr=spider&for=pc.

[4] 外交部．2020 年 4 月 29 日外交部发言人耿爽主持例行记者会［EB/OL］.［2020-04-29］. https://www.fmprc.gov.cn/web/fyrbt_673021/jzhsl_673025/t1774733.shtml.

[5] 朱春宇，周杨瑞娟．“全球疫情会诊室”：“战疫情，站一起！”［EB/OL］.［2020-05-07］. http://newslu.sxdaily.com.cn/2020/0507/68506.shtml.

肺炎防控“武昌模式”国际讨论会，会议介绍了“武昌模式”的背景和效果，并分享了在危急情况下，“武昌模式”让中医第一时间介入，使疫情防治关口前移、下沉至社区的中国抗疫经验[1]。中医药在新冠肺炎治疗中的作用引起了国外医学专家的关注，匈牙利、法国等欧洲国家以及加拿大、美国都报道了中医药防治新冠肺炎的新闻[2]。

面对疫情，一些海外中医药从业人员及中医药行业组织也自发地开展中医药防治新冠肺炎工作，产生了良好的社会影响。匈牙利中医界领军人物陈震等在参考中国国家卫健委及各省中医诊疗指导方案基础上，将改良的药方煮大锅中药汤，从 2020 年 2 月 27 日开始连续多日在布达佩斯中心城区免费提供赠饮[3]。法国侨界通过“云诊所 + 中成药”解决了很多华人对病情的疑问,有效降低了轻症转重症的发生率。疫情初期韩医学会就开设咨询电话，免费提供中医处方。中国的一些医疗机构也通过视频会议方式，向韩国韩医提供技术和治疗手段[4]。对于国内提供的中医药方案，意大利、法国、巴西等国的中医师均表示在本国适用而且实用[5]。

一些国家和城市对中药饮片的需求也明显增加。自 2020 年 3 月 1 日纽约宣布首例新冠肺炎确诊病例，短短半个月时间当地市场对传统中药的需求激增。其中，金银花和板蓝根冲剂最为畅销，货源紧张，价格上涨。央视总台记者在意大利罗马华人区的中药店实地探访时了解到，该店顾客 80% 是意大利人，自意大利 3 月 10 日起因新冠肺炎疫情实行全国“封城”后，1 周内前来咨询抗病毒、提高免疫力中成药的顾客不在少数。店里也会给顾客推荐银翘解毒片、小柴胡汤剂、藿香正气丸等，还会参考浙江省公布的“中药预防疫病推荐方”为顾客准备预防

[1] 徐婧 . 新冠肺炎防控武昌模式国际讨论会召开 [N]. 中国中医药报，2020-05-29 (1).

[2] 贾平凡 . 中医出征海外，助力全球抗疫 [N]. 人民日报 (海外版)，2020-03-23 (8).

[3] 马秀秀 . 匈牙利中医师陈震：通过中医药为大家树立抗疫信心 [EB/OL].[2020-03-05]. http://www.chinanews.com/hr/2020/03-05/9115127.shtml.

[4] 吴迪 . 国际舞台上中医药身手不凡 [N]. 人民日报海外版，2020-04-29 (8).

[5] Traditional Chinese medicine and the fight against COVID-19 [EB/OL]. [2020-03-13]. https://news.cgtn.com/news/2020-03-13/Traditional-Chinese-medicineand-the-fight-against-COVID-19-OPiId5CXYc/index.html.

新冠肺炎的中药材，包括黄芪、防风、白术、金银花、藿香等[1]。津巴布韦等在大医院增设中医诊疗单元，期望借助中医药降低新冠肺炎在该国的流行、致死率，都增加了对中药饮片的需求[2]。

随着新冠肺炎疫情蔓延，以连花清瘟胶囊为代表的中成药在国外也成为“抢手货”。连花清瘟胶囊主要功效为清瘟解毒、宣肺泄热，对治疗轻型和普通型新冠肺炎患者有确切的疗效。中国大使馆送给留学生的健康包中，除了口罩、新冠肺炎防护手册外，还有2盒连花清瘟胶囊。生产连花清瘟胶囊的以岭药业从2020年3月起，根据市场需求情况逐步调整了生产计划，国内市场供应渐趋平衡。而在跨境电商ebay平台上，同样规格的连花清瘟胶囊，则是价格翻了好几番[3]。柬埔寨政府部门还在慰问当地民众时，向现场的600个家庭发放连花清瘟胶囊[4]。

中医药在抗疫中的突出效果，也带动了中药的海外注册。“三药三方”之一的化湿败毒颗粒，于2020年10月获得阿联酋卫生主管部门认可，被列为紧急注册用药[5]。在疫情开始之前，连花清瘟胶囊已在加拿大、印度尼西亚、莫桑比克、巴西、罗马尼亚、泰国、厄瓜多尔等国家和中国香港及中国澳门地区，以“天然健康产品”“药品”“植物药”“中成药”“食品补充剂”和“现代植物药”等身份获得当地的上市许可[6]。自2020年5月起，连花清瘟胶囊又陆续获得了新加坡、菲律宾、科威特、津巴布韦、乌克兰等国的药品注册许可。

[1] 李耀洋，徐明，邓雪梅，等.全球直击丨疫情严峻，中药在国外火了？总台记者实地探访[EB/OL].[2020-03-18]. http://politics.gmw.cn/2020-03/18/content_33660814.htm.

[2] Xinhua R. Zimbabwe to explore using traditional Chinese medicine to fight COVID-19 [EB/OL]. [2020-05-23]. http://www.china.org.cn/world/Off_the_Wire/2020-05/23/content_76079460.htm.

[3] 左宇坤.连花清瘟海外爆红，涨价几倍，药厂创始人身家超百亿[EB/OL].[2020-04-10]. http://www.chinanews.com/cj/2020/04-10/9152947.shtml.

[4] 凤凰网河北.柬埔寨政府向民众发放连花清瘟助力疫情防控[EB/OL].[2021-11-10]. https://i.ifeng.com/c/8B361JJLZWY.

[5] 中国日报网.化湿败毒颗粒获阿联酋认可，中药智慧助力全球新冠战役[EB/OL].[2020-10-19]. https://www.163.com/dy/article/FPA8LVQK0514R9KE.html.

[6] 吴新光.连花清瘟胶囊已在海外8个国家注册[EB/OL].[2020-05-12]. https://news. sina.com.cn/c/2020-05-12/doc-iircuyvi2606674.shtml.

第三节　中医药在国外疫情应用中的主要问题

一、法律许可

海外已为中医药立法的国家较少，而且其中许多仅为针灸立法。而各个国家关于传染病防治的法律规定也不同，能把包括中医药在内的传统医药列入传染病防治措施的更少。因此，尽管中医药在中国已被证明对新冠肺炎有显著效果，但要在国外疫情防控得到应用还存在法律上的障碍，难以纳入国家防控体系之中。在民间自发应用中医药防治新冠肺炎时，中成药相对单味药材而言面临的困难更多。

二、优势发挥

中医药防治新冠肺炎能取得显著效果，主要是通过服用经过严格筛选的中药汤药或中成药而取得，应用针灸等非药物疗法成功进行防治的研究报道很少。但在国外因市场准入等方面原因，中药的使用受到许多限制，中药材资源也比较有限。而相对发展较好的针灸，在新冠肺炎防治中又不具备疗效优势。因此，中医药在国外防控新冠肺炎疫情中的应用总体上还不多。

三、组织协调

中医药在国内疫情防控中能充分发挥重要作用，关键之一在于拥有较为完备的中医药管理体制和中医医疗服务、科研创新体系，能够迅速组织力量研究确定新冠肺炎的病因病机、治则治法，形成完善的中医诊疗规范、技术方案并在全国范围全面推广使用；能够组建高水平的医疗团队，投入到疫情防控第一线之中。而海外中医药在这些方面还存在明显不足，中医药行业组织等在面对疫情时的组织协调作用也没有得到有效发挥。

第七章 中医药国际化发展模式及面临的机遇与挑战

中医药国际化发展长期以来形成的理论和实践经验，是研究中医药走向世界新思路的重要参考。充分研究、应用已有的中医药国际化理论，借鉴现有的发展模式，并与依托“一带一路”建设促进中医药走向世界的实际需要相结合，有助于吸取前人的成功经验，更好地实现研究目标。

第一节 中医药国际化规划研究概况

现有的中医药国际化规划研究，按其研究侧重点进行区分，主要体现在以下方面。

一、优先发展地域

多数学者把优先发展地域放在北美、欧洲，例如鄢良[1]根据效益最大化原则，认为中医药国际化资源优先投向的地区应是北美、西欧、南美、中东；黄明达等[2]将中医药国际市场分为10个区域4个大类以区分开发的重点，虽然认可东南亚、东北亚是较成熟的市场，但仍把北美、欧洲、大洋洲列为重点市场，把阿拉伯地区、南亚、俄罗斯及东欧列为潜力市场，南美、非洲为待开发市场。

随着“一带一路”倡议实施，近年来有关中医药“一带一路”优先发展研究明显增加。苏芮等[3]认为“一带一路”建设已成为中国扩大内陆沿边开放的国家政策，中医药向内陆邻国发展也已成为今后中医药行业发展的重点。针对中东欧国家特点，施雪斐等[4]提出通过发展个别国家关系带动其他国家中医药资源的投

[1] 鄢良．中医药国际化路线图［J］．亚太传统医药，2006（5）：11-27.

[2] 黄明达．中医药国际化的“五行战略”构想［J］．亚太传统医药，2006（7）：15-17.

[3] 苏芮，庄庭怡，苏庆民，等．东南亚“一带一路”沿线国家中医药政策及市场调查［J］．环球中医药，2018，11（9）：1376-1378.

[4] 施雪斐，张建忠，宋欣阳，等．中东欧16国中医药发展脉络与策略研究［J］．中华中医药杂志，2019，34（3）：1016-1018.

入，进而推动整个区域的进步。面对中医国际服务困境，张丽[1]提出依托“一带一路”加强国内国外合作办学、打造中医文化产业国际品牌企业。

二、推动促进因素

对有助于推动、促进中医药走向世界的因素研究，主要集中在文化、标准、立法等方面。在文化方面主要存在两种观点：一种观点认为传播中医药文化对于解决中西方文化差异、促进中医药国际化具有决定性的作用，割断海外中医药和母体文化的联系也会使海外中医药变成无本之木，主张通过多种方式来加强中医药文化的传播[2-4]；另一种观点认为，境外中医发展要充分考虑当地文化特征，一厢情愿地想传播国内“地道”中医容易引起文化冲突，妨碍中医走向世界[5]，应该尊重多元文化，增进中医药文化国际认同[6]。

对于标准、立法在中医药国际化的作用，多数学者均持支持观点，并从不同角度阐述策略。李振吉等[7]提出新时期统筹规划、多点推进的中医药国际标准化方案，包括发挥ISO/TC249秘书处、世界中医药学会联合会等国际学术组织作用，主动参与中医药国际标准化活动，重视“事实上的国际标准”，做中医药国际标准化的主导者，等；贾谦等[8]从完善、宣传中药系列标准以及牵头组织传统药物标准规范国际协调会等方面阐述中药系列标准规范国际化推进举措；崔蒙[9]

[1] 张丽．国际服务困境下的中医文化传播启示［J］．中医药导报，2018，24（21）：10-13.
[2] 李金良．中药产品国际化的文化传播战略［J］．中国软科学，2009（1）：48-55.
[3] 刘建廷．文化视野中的中医药国际化战略［J］．经营与管理，2011（10）：32-34.
[4] 周川．中国中医药文化在海外发展的现状及反思［J］．世界中西医结合杂志，2011（8）：733，736.
[5] 陈林兴，吴凯，贺霆．人类学视野下的中医西传——兼谈国内中医药走向世界战略研究［J］．云南中医学院学报，2014（1）：86-90.
[6] 顾心月，申俊龙．“一带一路”背景下中医药国际化的跨文化思考［J］．南京中医药大学学报（社会科学版），2019，20（2）：78-81.
[7] 李振吉，黄建银，徐春波，等．新形势下中医药国际标准化战略构想［N］．中国中医药报，2011-08-05（3），2011-08-08（3）.
[8] 贾谦，曹彩，陈峰，等．中药系列标准的完善及国际化推进战略（Ⅲ）［J］．中国中医药信息杂志，2002（1）：2-4，90.
[9] 崔蒙．中医药国际化发展战略（Ⅱ）［J］．中国中医药信息杂志，2001（9）：3-5.

提出了包括加强中医诊断标准和疗效标准规范化研究、建立中药标准的规范化体系、促进中医药在国际上的合法化等在内的促进中医药学走向世界的策略。

三、具体发展领域

对海外中医医疗服务的研究多数还局限于机构、人员数量等面上的分析，部分研究人员开展了海外中医诊所发展模式、管理现状、发展策略的专题研究[1]，以及中医援外医疗的历史、模式等研究[2]。针灸走向世界过程中的异化和“去中国化”问题得到了有关学者的关注，提出了实施中医药文化战略、中医针灸服务品牌认证管理、支持和推动海外中医药立法进程等建议[3]；国际针灸人才培养也是针灸海外传播的关键，一些学者提出了优化课程体系、拓展实践平台、建立针灸教育全球标准体系等路径策略[4]。

在中药产业国际发展方面，既有从渠道、研发、文化合作角度探讨中药企业合作战略的研究[5]，也有从建立中医临床疗效评价方法与标准、加强科学中药的开发力度、保护中药的知识产权、建立跨区域中医药企业等出发的中药国际化策略探讨[6]。在中医药教育领域，周敦华等[7]从走出去、文化先行、品牌、政府支持、区域联动、人才培养、临床教育、市场诱导、标准化9个方面分析中医药教育走向世界的举措；付萍[8]提出的推动中医药高等教育国际化发展选择包括深化教育教学改革、引领中医药教育标准制定、培养外向型复合型人才、加强国际交流合作、建立开放的办学体制等5个方面。

[1] 申思. 英国中医诊所发展情况、战略选择及对策研究[R]. 北京：北京中医药大学，2012.
[2] 王畅. 新中国对非洲医疗援助外交研究[R]. 上海：上海外国语大学，2014.
[3] 黄建银. 中医针灸国际发展中出现的战略性风险分析及有关对策与建议[J]. 中医药管理杂志，2009(10)：878-880.
[4] 许能贵，刘步平，李敏，等. 国际针灸人才培养的思考[J]. 新中医，2014(9)：1-4.
[5] 张平. 基于合作的中药国际化战略思考[J]. 科学学与科学技术管理，2006(1)：174-175.
[6] 邵松岐. 中医药国际化策略[J]. 上海经济，2006(11)：27-29.
[7] 周敦华，董薇，郑麟. 中医药教育走向世界发展战略研究[J]. 上海中医药大学学报，2012(6)：21-23.
[8] 付萍. 论高等中医药教育国际化发展形势与战略[J]. 环球中医药，2013(2)：125-127.

第二节　现阶段中医药国际化发展的主要模式

一、针灸引路

自中美建交开始，针灸大规模走出国门、迈向世界已有40余年。美国、澳大利亚、加拿大等发达国家已陆续对中医针灸立法，未来还会有更多的国家确立中医针灸在本国的合法地位[1]。2010年，联合国教科文组织将“中医针灸”列入人类非物质文化遗产名录，有力地推动了中医药国际化的进程。世界卫生组织（WHO）也陆续颁布了针灸穴名、穴位定位的国际标准以及针灸的临床研究指南、基础培训与安全规范等。这些标准现已在世界范围内广泛应用，促进了针灸的国际交流。

针灸作为一种非药物疗法，其治疗的作用越来越受到人们的重视，应用也越来越广泛。据WHO统计，现有103个会员国认可使用针灸，其中29个设立了传统医学的法律法规，18个将针灸纳入医疗保险体系[2]。全球开设针灸诊所的国家和地区已达160多个，其中针灸师超过20万人。采用中医药针灸治疗、推拿治疗、气功治疗的人次约占世界总人口的1/3以上，针灸已成为全人类的医疗保健手段之一[3]。

在针灸国际热的同时，也应高度关注和重视国际发展中出现的针灸被异化和中医针灸“去中国化”倾向，研究并运用有关国际法规以及知识产权保护条例，保护中医针灸的合法地位和利益[4]。同时，努力营造一个适合中医针灸继承、发展、发扬的中国传统文化国际环境，充分发挥针灸推动中医药国际发展的引擎作用。

[1] 吴滨江．本世纪中医国际化发展的趋势及思考［J］．环球中医药，2011（5）：377-380.
[2] 中华人民共和国国务院新闻办公室．中国的中医药［R］．2016.
[3] 王雪苔．针灸的国际化与现代化［J］．中国针灸，2004，24（2）：75-77.
[4] 黄建银．中医针灸国际发展中出现的战略性风险分析及有关对策与建议［J］．中医药管理杂志，2009（10）：878-880.

二、人才先行

“中医热”使得世界上越来越多的人希望了解、学习和研究中医，每年来中国学习中医药的留学生居中国自然科学留学生人数之首[1]。全国多家中医药院校建立了外国留学生教育的专门教学机构，专门从事留学生教育和管理工作。系统的学位课程教育已经开展，国际化教育的层次逐渐提高。这些教学机构同时也接受世界各国来华学习中医、针灸的短期的培训、进修人员。

中医药国际教育也不断深入发展，在来华学习人员日益增多的同时，世界各国还陆续出现了一大批中医药的教育机构，从早期的私立中医、针灸学校和培训机构，发展到许多国家都在大学设立了中医课程的高等院校学位教育。例如，通过相关平台或其他方式和途径，在海外医科大学设立类似中国中医药院校的本科、硕士课程；通过政府间谈判，推动中医药教育学位的认可；采取联合培养的方式,保证本土化的中医药教育与当地实际情况相结合[2]。国际上中医药教育的立法及政策保障，也从认可中医医疗合法性的初级阶段，向管理、注册、确认医师地位的正式立法方向迈进[3]。目前海外已有30多万中医药从业人员，中医药服务的年市场份额约为500亿美元。

三、先食后药

由于世界各国对中药在法律法规上的制约，中药在海外大多以食品、保健品、天然药物以及食品补充剂等非药物形式存在。目前全球主要的四个中药市场为东南亚、日韩、西方、非洲及阿拉伯地区。由于中医药在东南亚国家、日本、韩国具有悠久的历史和良好的基础，因此，中草药在这些地区得到稳步发展。欧洲成立了欧洲植物疗法联合会，以德国药典内的药用植物作为欧洲药典的依据，

[1] 张荣华，蔡宇．中医药学高等教育国际化的机遇与发展探讨［J］. 河南中医学院学报，2003，18（1）: 72-73.

[2] 董薇，郑麟，肖臻，等．中医药教育国际化现状及发展策略的思考［J］. 南京中医药大学学报·社会科学版，2012，13（1）: 61-64.

[3] 张立平，张丹英．国外中医教育本土化的观察与研究［J］. 中华中医药杂志，2007，22（6）: 381-383.

加强对植物药标准化的研究。在美国，植物药也被列入美国药典，作为饮食补充剂进行管理，并颁布了《植物药研究指导原则》，将中医列为替代医学保健系统之一。

中药在海外大多以保健品、功能食品的身份注册，是一种市场化的自然选择。随着中医的临床价值、疗效和国际地位的提高，中药逐步开始进入国际医药体系，已在俄罗斯、古巴、越南、新加坡和阿联酋等国以药品形式注册。国内中药企业也积极探索国际化发展道路，参与国际注册及认证、建立海外营销网络、跨界合作研发等，目前已有数个复方中药通过美国食品药品监督管理局（FDA）等国外药品审批，正在进行临床试验阶段。针对不同国家的药品规范管理制度，正在推动较为成熟的中药产品以药品、保健品等多种方式海外注册，并致力打造知名品牌，扩大产品在海外市场的份额[1]。

四、以文带医

中医药蕴含着丰富的中华传统文化内涵，是中华文化走向世界的重要载体。随着对外交流的日益增多，中医药文化的纽带作用日益凸显。文化传播与交流是中医药国际化的重要基础，中医药发展也需要以中医药文化作为动力和支撑。要让西方国家的民众理解中医药理论体系的内涵，必须要文化先行，在中国传统文化的传播与推广中纳入中医药知识。通过促进各国民众对中医药的理解与认同，来推动中医药全面的国际化发展[2]。

中医药文化传播可以通过多种途径和方式来弘扬其精髓，如举办国际学术研讨会、文化交流会、驻外使馆举办“传统中医展览”等[3]。向国际社会传输中医药文化共同观念，宣传中医治疗理念、非药物疗法和中药材，促进国际社会对中医药理论和医疗保健技术的了解与认同，充分发挥中医药文化的优势，为中医药医疗、保健、教育、科研、产业在海外发展创造良好的氛围与环境。

[1] 国家中医药管理局．中医药发展“十三五”规划[R]. 2016.
[2] 党海霞，刘新民，罗卫芳．现阶段我国中医药国际化发展的方向思考[J]. 中国药业，2011，20（24）：15-17.
[3] 魏磊，王明来，沈志祥，等．浅谈中医药的国际化发展[J]. 亚太传统医药，2006（6）：24-26.

五、以医带药

由于中药在海外大多以功能食品、保健品的身份注册，没有真正的药品身份，进入社会医疗保障的主流市场受到种种限制。因此，举办中医教育培养中医医疗保健服务人才，通过举办中医医院、诊所等开展中医医疗保健服务，从而带动中药在当地的应用并进入主流市场，成为许多中医药机构和企业的选择。例如，同仁堂得以在海外快速发展，具有显著疗效的中成药固然必不可少，而同仁堂坐堂医门诊所提供的中医医疗服务同样起了很大的作用[1]。

“一带一路”中医药建设的不断探索，也为以医带药积累了国外实践的经验。各地中医药机构通过与“一带一路”沿线国家广泛开展中医药医疗、教育等方面的合作，有效地促进当地民众进一步了解、认可中药产品的疗效，并开始应用。甘肃通过在国外开设岐黄中医学院和中医中心，并派出中医药专家开展中医药学术讲座和义诊活动，促进当地医务人员和居民认识、认可和接受中医药，从而带动中药领域的合作[2]。

六、援外医疗

中国的援外医疗始于20世纪60年代，援外医疗的同时也把中医药带到了世界各地。目前，中国已向亚、非、拉的70多个国家派遣了包括中医药人员在内的医疗队，每个医疗队中的中医药人员约占医务人员总数的10%，在非洲一些国家还设立了专门的中医医疗队（点）。援外医疗队采用中药、针灸、中医推拿以及中西医结合的诊疗方法，成功地治疗了一系列疑难杂症，得到了当地政府和人民的欢迎和充分肯定。

中医药援外医疗不仅为当地居民直接提供了中药、针灸、中医推拿以及中西医结合的医疗服务，更是因此潜移默化地传播了中医药文化，为中医药在当地进一步“扎根”“开花”打下了基础。一些援外中医医疗点已经成为常设的医疗点，有的还进一步成立正式的中医医疗机构，并逐步发展成为承担医疗、文化、培训

[1] 刘颖．北京同仁堂的医药文化——走向世界的传统中医药［J］．廊坊师范学院学报（社会科学版），2019，35（3）：86-90.

[2] 甘培尚．甘肃：依托优势，推动中医药国际化［N］．中国中医药报，2016-09-05（3）.

等多方面功能的中医药海外中心。

七、平台辐射

通过合作，开展中医药合作交流中心之类平台建设，是促进中医药国际化发展的一个有效模式。开展平台建设，有利于建立可持续的工作协调机制，聚集有效资源，开展医疗保健服务、教育教学、科研开发、文化传播、产品交易等中医药国际化工作，并产生对外辐射的作用。既往在与相关国际组织、各国政府部门的合作中，已建有不少国际化的中医药平台并发挥了重要作用。近年来，中医药海外中心建设得到各方的高度重视和广泛参与，取得的初步成效得到了各方较为广泛的认可。

与国际组织建立高水平合作机制与平台，也有力地推动了中医药国际化的进程，促进了中医药进入各国的医疗卫生保健体系。WHO 和国际标准化组织（ISO）作为国际上最大的政府间卫生组织和国际上最大、最权威的非政府标准化组织，顺应医学模式转变和疾病谱变化的要求，制定传统医学发展战略、成立传统医学相关机构、发布一系列传统医学相关标准，成为中医药国际标准制定和发布的重要平台。世界针灸学会联合会、世界中医药学会联合会等中医药国际学术组织，也在中医药学术发展和宣传推广等方面开展了大量工作，取得了显著成效。

八、立法推动

立法是中医药国际化发展的基础和保障。政府层面正式、全面地对中医立法，承认中医的合法医疗专业地位，并在法律、保险等方面融合，才能从根本上保证中医药从业人员的基本素质，确保行医的质量安全，维护公众的利益。无论是早期一些国家对中医针灸的立法认可，还是近年来匈牙利等国中医法案正式生效，都对当地针灸、中医的发展起到了巨大的推动作用。

目前除中国外，承认中医合法地位的只有泰国、越南、新加坡和澳大利亚、匈牙利等为数不多的国家，中医药海外发展出现了中医药从业人员、医疗机构及产品、技术等准入方面的法律法规问题。20 世纪末及 21 世纪前 10 年，美国、澳大利亚、加拿大等国对中医针灸进行立法。澳大利亚、加拿大不列颠哥伦比亚省

对中医进行了全面立法，规定了中医、针灸的行医执业，中医师可以与西医师有着同样的法律地位，这对其他未立法的国家和正在立法过程中的国家和地区，起到很好的借鉴和示范作用。而在欧洲，《传统植物药指令》的实施则又导致当地中医药发展陷入了很大的困境。只有从立法层面选择中医药基础比较好的国家为突破口，才能促进中医药在欧盟的长期发展[1]。

第三节　中医药国际化发展面临的机遇与挑战

得益于国家政策法规的大力支持和中医药健康服务需求的不断增长，国内中医药发展正面临难得的历史性机遇期，中医药国际化发展也同样迎来了快速发展的机遇和挑战。

一、机遇

（一）健康服务需求有利于中医药国际化的发展

近些年来，随着医学模式转变、经济社会发展和崇尚自然潮流的兴起，国内外对健康服务的需求都在快速增长。强调天人合一、崇尚道法自然、重视养生防病、讲究辨证论治的中医药，很好地契合了这一变化带来的需要，越来越为人们所关注和应用。中医药不仅在慢性疾病防治领域有着自身的优势，在传染病防治方面也发挥了很好的作用，能解决不少现代医学解决不了或解决不好的健康和疾病防治问题。此外，在控制不断增长的医疗费用、解决全球医改难题方面，中医药对各国而言也是一个不错的选择。

（二）“一带一路”倡议实施带来新的发展机遇

“一带一路”倡议的实施，在为中国经济社会发展提供新的着力点，为沿线国家和地区打开优势互补、开放共赢机遇之门的同时，也为中医药进一步走向世界提供一个更为积极、有利的国际环境与发展途径。2015 年出台的《推动共建丝

[1] 黄建银．中医药进入欧盟的途径和方法的思考与建议［J］．中国当代医药，2010（1）：7-8.

绸之路经济带和21世纪海上丝绸之路的愿景与行动》明确提出与沿线国家扩大在传统医药领域的合作，而许多“一带一路”沿线国家和地区不仅有使用中医药和传统医药的历史，重视传统医学的医疗保健作用，还在不同的场合明确提出了希望与中国加强中医药方面的合作。

（三）国内中医药发展夯实了国际化发展的基础

随着《中华人民共和国中医药法》《中共中央国务院关于促进中医药传承创新发展的意见》《中医药发展战略规划纲要（2016—2030年）》以及促进健康服务业发展等政策法规的颁布实施，近年来全国中医药系统深入贯彻落实中医药政策、深化医改中医药工作，在中医药服务提供、服务能力提升、人才队伍建设、传承创新、服务贸易、科普宣传等方面都取得了显著成效。国内中医药的高质量发展，为中医药国际化提供了坚实的中医医疗、保健、教育、科研、产业、文化基础。

（四）中医药国际标准化建设有了良好的开端

缺乏国际标准一直是影响中医药走向世界的重要因素。近年来，在政府相关部门、中医药机构和专家们的共同努力下，中医药国际标准化工作已经取得显著进展，并较好地体现了中方的话语权，为中医药国际化发展提供了助力。其中，第七十二届世界卫生大会审议通过了《国际疾病分类第十一次修订本（ICD-11）》，首次纳入起源于中医药的传统医学章节。国际标准化组织中医药技术委员会（ISO/TC249）秘书处落户中国上海，截至2022年2月10日，ISO/TC249共发布中医药国际标准77项，其中中国主导发布59项。

（五）中医药抗新冠肺炎成效卓著迎来新的机会

这次新冠肺炎的全球大流行虽然给人类健康带来了巨大伤害，但由于中医药在防控中的出色表现，也为中医药的进一步发展壮大和走向世界创造了一次难得的机遇。在中医药国际化方面，一是有利于在国际上营造进一步了解、认识、研究、应用中医药的良好氛围，让更多的人支持中医药国际化发展。二是一些企业和产品已经在援助国外疫情防控中借机进入相应国家市场，未来还会有进一步的发展机会。我们应该把握好这次机会，做好中医药文化海外传播工作，加快中医药国际化的步伐。

二、挑战

（一）东西方文化差异依然影响中医药走向世界

东西方文化在思维方式、价值取向、伦理道德等方面存在的显著差异，是阻碍跨文化交流、合作的一个重要因素。中医药是中华优秀传统文化的重要组成部分和杰出代表，蕴含着丰富的古代朴素哲学思想和理念，有着独特的理论体系，与西方现代医学理论体系的思维方式有着很大的差异，实践中行之有效的中医辨证论治方法和中药炮制、配伍等不易为西方民众理解和接受。虽然近年来在中医药文化国际传播方面已经做了大量的工作并取得相应成效，但这种文化差异和冲突在一些国家和地区依然存在，还将对中医药走向世界产生不利的影响。

（二）仍存在制约中医药国际化发展的政策壁垒

虽然目前已有澳大利亚、南非等国家以及一些国家的地方政府对中医药立法认可，但总体数量较少，而且其中一部分国家仅针对针灸立法。在许多国家，中医、中药的发展还缺乏当地的法律支持，没有合法的地位，无法进入医疗保险。中药在大多数国家也不允许作为药品进入主流医药市场，只能以保健食品、营养补充剂等身份进行销售。欧美等一些国家为了保护本国利益，对中医药进入市场在标准认证体系等方面还设置了技术性的贸易壁垒，增加了中医药进入国际市场的难度。

（三）国际化发展所需要的中医药资源存在不足

中医药国际化发展需要人才、资金、产品、技术等各方面资源的支撑。与中医药国际化发展的需要相比，中医药资源总体上还存在明显不足。例如，国内中医药人才因医教研任务繁重而少有对外交流合作的学习、实践条件，导致中医药国际化人才储备总体不足，而本土化的人才培养又需要比较长的一个过程。中药材资源供应国内日益增长的健康服务需求已经比较紧张，面向国际市场需求还需要有新的发展思路。

（四）中药研发对中医药国际化的支撑作用有限

中医走向世界需要中药的强力支撑。由于中药及其复方的复杂性，中药的药性理论、配伍规律、物质基础、作用原理等尚缺乏充分的临床药理依据；传统中药产品因为质量标准、安全评价等原因，在中药疗效的稳定性、可靠性等方面也存在不足，还难以被国际主流药品市场所接受。因此，还需要进一步提升科技含量，完善中药质量标准和质量控制体系，加强中药及中药产品的研究开发，以现代化、国际化的中药产业体系，增强中药在国际市场上的竞争力，为中医药国际化发展提供有力支撑。

总体来看，虽然40多年来针灸在国际上也面临“异化”和“去中国化”等问题，但总体上呈稳步发展趋势。而以欧美发达国家为主攻方向、致力于打入主流药品市场则面临挑战，依然任重道远。由于市场准入门槛很高，中药进入北美、欧洲市场步履维艰，并因此影响到除针灸外的中医在欧美地区的发展。中医药国际标准化虽然有了良好的开端，但仍然还有较长的路要走。中医、中药在海外还缺乏立法认可，东西方文化差异对中医药国际化形成阻碍等，在欧美地区都表现得比较突出。

第八章

依托“一带一路”，谋划中医药走向世界新思路

中医药作为独特的卫生资源、潜力巨大的经济资源、具有原创优势的科技资源、优秀的文化资源和重要的生态资源，近年来在国家经济社会发展全局中的重要意义日益凸显。在对外合作交流方面，中医药不仅是服务贸易的新增长点，也是体现中华优秀传统文化、增强中国软实力的重要载体和途径。推进中医药走向世界，实现中医药国际化，对于促进对外交往、推动经济发展、保障人类健康等都有十分重要的意义。当前，中医药国际化发展既有难得的历史性机遇，也面临一系列问题和挑战，需要以历史和现状研究为基础，在战略上调整目标定位，谋划新的布局。

第一节　“一带一路”与中医药走向世界

一、新形势下中医药国际化发展的思考

早期的中医药海外传播路径主要为传统的丝绸之路和海上丝绸之路，欧洲人则是从 17、18 世纪开始通过学习了中医的日本医生及欧洲传教士而接触到中医。近代以来，随着国际交往的深入以及华人向世界各地流动，中医药特别是针灸在国外的传播明显增加。自 20 世纪 70 年代初尼克松访华见证针灸奇效之后，针灸热在欧美国家迅速兴起并得到了部分国家和地区的立法承认，中医药在这些国家的传播也逐步扩展。与此同时，现代医药在防治慢性、复杂性疾病及克服毒副作用等方面的不足促使人们寻求补充和替代医药，国内外的中医药现代研究也得到了迅速发展。在此背景下，以欧美发达国家为主攻方向、以针灸为先导、瞄准中医药国际标准，并致力于打入国际主流药品市场的中医药国际化发展策略，逐渐得到较为广泛的认同[1-3]。

经过 20 世纪 70 年代以来的实践可以发现，虽然针灸在国际上也面临“异

[1] 甘师俊，李振吉，邹健强，等．中药现代化发展战略［J］. 医学研究通讯，2000（5）：22-23.
[2] 鄢良．中医药国际化路线图［J］. 亚太传统医药，2006（5）：11-27.
[3] 李振吉，黄建银，徐春波，等．新形势下中医药国际标准化战略构想［N］. 中国中医药报，2011-08-05（3），2011-08-08（3）.

化”和“去中国化”等问题，但总体上呈稳步发展趋势。针灸在世界各国的从业人员、诊所数量以及针灸立法的国家和地方政府等，都有明显的增加。而以欧美发达国家为主攻方向、致力于打入主流药品市场的中医药国际化发展战略，则依然任重道远。一方面，中医药在欧美等国家的传播历史相对较短，而东西方文化的差异则又比较突出，这些国家的民众还需要更多的机会来了解和接纳中医、中药。另一方面，欧美主流药品市场对中药产品准入设置的门槛很高，进入困难。例如，迄今为止仅有复方丹参滴丸、康莱特注射液、扶正化瘀片、连花清瘟胶囊等为数不多的中药产品获准在美国进行Ⅲ期、Ⅱ期临床试验，尚无获准注册上市的品种。此外，贸易壁垒等对中医药在欧美市场的发展也有较为明显的影响。

中医药向国外传播的历史经验表明，民众对疗效与理念的认同是中医药在当地传播、发展的关键因素，而海外华人又在其中发挥着十分重要的作用。海外华人不仅更容易接受中医药理念，还可借助其人脉关系影响当地的民众，实现更好地传播。千百年来，海外华人助力推动中医药走向世界的步伐一直都没有停止。在面向欧美等国家短期内成效难以获得突破性进展的情况下，有必要另辟蹊径，对中医药走向世界的规划进行适当调整。按照先易后难、先近后远的策略，在拥有更多华人基础、历史渊源、基本共识的区域优先发展，既有利于实现阶段性的国际化目标，又有助于联合更多力量共同推进中医药的国际化进程。

近年来在参与各方的共同努力下，中医药“一带一路”建设的探索实践已经取得初步的成效，为新形势下中医药国际化的发展提供了新思路。在进一步深化共建“一带一路”的大背景下，应该实现战略重心的转移，实施依托“一带一路”建设来促进中医药走向世界的思路。通过制定新一轮的《中医药“一带一路”发展规划》，明确未来一段时期内中医药“一带一路”发展的总体目标、空间布局、优先发展方向和重点任务、重大举措、保障机制等。通过中医药“一带一路”建设，创新中医药国际化发展模式，提升对外合作交流的能级，促进和带动中医药在世界更大范围的传播和发展。

二、依托“一带一路”促进中医药走向世界的意义

依托“一带一路”来促进中医药走向世界，不仅是推进丝绸之路经济带和海上丝绸之路建设、形成全方位开放新格局的需要，也是中医药国际化自身发展的

客观要求，对于促进对外交往、推动经济发展、保障人类健康等都有十分重要的意义，是新形势下中医药走向世界的发展方向。

中医药与“一带一路”有着悠久的历史渊源，中国与“一带一路”沿线国家之间还具有很多文化的共同话语。在其中一些国家，中医药已被广为接受并成为卫生文化的组成部分。依托“一带一路”来促进中医药走向世界，不仅具有良好的民众基础和现实需求，有利于加快中医药走向世界的步伐，而且也有助于提高中医药文化的国际认同度，促进中华优秀传统文化的国际传播。

中医药走向世界，需要团结更多的力量来共同推进中医药的国际化进程。海外华人是中华文化的主要传播者，“一带一路”沿线国家的海外华人既熟悉所在国的国情、拥有良好的人脉关系，又了解中医药文化，是推动中医药国际化发展的重要力量。依托“一带一路”来促进中医药走向世界，有利于优先在“一带一路”沿线国家寻求达成共识及区域性中医药标准等，在实现阶段性国际化目标的基础上联合起来，共同推进中医药在世界更大范围的传播和发展。

让中医药走向世界，目的是让优质的中医药健康服务造福全人类，需要深入发掘中医药宝库中的精华，需要充分运用现代科技手段和成果，还需要实现产业化和现代化[1]。依托“一带一路”来促进中医药走向世界，有助于面向“一带一路”沿线国家对中医药的需求，“以外促内”“练好内功”，推动中医药自身的发展壮大。

第二节 依托“一带一路”，谋划中医药走向世界

基于中医药国际化发展的历史和现状研究，建议在未来一段时期依托“一带一路”，谋划中医药走向世界。

一、指导思想

深入贯彻党的十九大和十九届二中、三中、四中、五中、六中全会精神，落

[1] 张其成．让中医药走向世界，造福人类[N]．人民日报，2018-11-15（7）．

实习近平主席关于中医药工作的重要论述，进一步按照“一带一路”《愿景与行动》倡议的总体部署，将中医药纳入构建人类命运共同体和“一带一路”国际合作重要内容，全面推进中医药医疗、保健、教育、科研、产业和文化的“一带一路”交流与合作。以中医药“一带一路”建设为重点，统筹资源，团结协作，促进中医药走向世界。

二、基本原则

（一）先易后难，以点带面

在中医药国际化过程中，具有更多民众基础的地域、技术、产品等可以先行，并在争取更多共识的基础上逐步扩大。不断创新中医药国际合作的路径、方法，通过项目、平台、区域等的示范作用，带动中医药走向世界。

（二）以文促医，以医带药

通过加强中医药文化宣传和分享，增进国外民众对中医的了解和认同，推动中医医疗、保健方面的合作与交流。通过中医医疗机构建设和开展中医医疗服务，促进中药在当地民众的应用，带动中药产品进入当地医药市场。

（三）科教引领，产业支撑

高度重视中医药国际化人才的作用，推动中医药国际教育发展，促进中医药人才的本土化。以科技进步提升中医药国际化水平，加强中医药产品的研究开发，提升科技含量，充分发挥现代化中医药产业对中医药走向世界的支撑作用。

（四）政府推动，民间参与

发挥政府间多边、双边机制作用，为开展中医药国际合作交流搭建合作平台、提供政策支持。应创造良好的环境，鼓励社会资本和民间机构积极参与中医药国际化进程，建立和完善多元化的投融资模式，发挥中医药行业组织作用。

三、总体目标

5 ～ 10 年后，中医药“一带一路”建设获得显著成效。中医药“一带一路”交流合作广泛开展，承认中医药法律地位、准许中药以药品身份进入的沿线国家明显增加，中医药对外投资和贸易实现跨越式增长。中医药“一带一路”建设进一步促进和带动中医药在世界更大范围的传播、发展，中国在世界传统医药发展中的引领地位更加巩固。

四、空间布局

根据新形势下的中医药国际化发展战略设想，以“一带一路”沿线国家为主线，按未来一段时期的发展侧重不同，将不同区域国家划分为四大类型。

第一类为优先发展区域，即以东盟 10 国为主的东南亚国家。

第二类为重点发展区域，包括以上合组织成员国为主的中北亚国家，以及中东欧 16 国。

第三类为拓展区域，包括南亚、西亚、非洲国家。

第四类为辐射区域，包括欧洲其他区域和大洋洲、北美洲、南美洲国家。

五、主要任务

（一）政策沟通

加强政府间的传统医学合作，完善沟通交流机制，促进传统医学领域政策法规等方面的交流沟通，为中医药在当地的市场准入、人员资质、品种注册、质量监管等创造良好的政策环境。深化与相关国际组织及国家联盟的多边合作机制，参与传统医学相关发展战略、规则、规范、标准等的研究制定。

（二）民心相通

广泛开展文化交流、学术往来等，以国际化、现代化的语言促进中医药文化在“一带一路”沿线等国家传播推广，让当地民众进一步理解、相信和应用中医中药，为深化多边、双边合作奠定民意基础。扩大中医药留学生规模，面向国际开展学历教育和短期培训，促进中医药人才的本土化。强化中医药防治传染病经验的分享与合作，加强中医药科技领域合作。

（三）医药行通

在促进中医药文化认同的基础上，加强与当地政府部门、医疗机构、医学院校、企业等的合作，设立中医医院、诊所或在医院开设中医门诊，面向当地民众广泛开展中医医疗和养生保健服务。充分调动中药企业积极性，通过以医带药等形式，推动中药产品在国外申请临床试验和药品注册、市场行销，鼓励中药产品以保健品、功能食品等多种方式在当地注册应用。

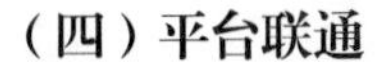

（四）平台联通

政府引导、民间参与，鼓励社会力量按多元化投融资等模式，建设一大批高质量的中医药海外中心、国际合作基地，以及对外研发技术平台、中药交易平台、中医药网上服务平台等中医药国际合作平台。充分发挥平台的聚集、辐射功能，推动中医药理论、服务、文化融入当地卫生体系，并带动周边国家的中医药国际合作与交流。

（五）贸易畅通

构建良好的营商环境，消除中医药投资和贸易壁垒，建立完善中医药贸易促进体系。推动中医药参与多边、双边自由贸易区谈判，促进中医药产品和服务贸易发展。支持具备实力的中医药企业加强对外投资、建立国际营销网络，拓展中医药产品和服务贸易市场。不断优化中医药贸易结构，拓宽贸易领域，创新贸易方式，优化产业链分工布局。

六、优先领域和重大举措

（一）国际标准研究及推广应用

进一步深化与世界卫生组织、国际标准化组织及各国政府的合作交流，积极参与中医药相关传统医学国际规则、标准的研究、制订并把握话语权。实施中医药标准海外推广工程，推动中医药技术标准、规范等在海外的应用，为中医药走向世界保驾护航。

1. 中医药国际标准研究专项　支持合作开展面向不同区域的中医药国际标准研究、制订，并在世界卫生组织、国际标准化组织等相关国际（学术）组织、国外政府部门的平台上颁布实施。

2. 中医药标准海外推广工程　组织开展中医药国际标准的宣传普及、指导应用以及试点、评估、认证等服务工作，开展区域性标准的总结和升级推广，推动中医药标准走出去。

（二）中医药文化海外传播

充分发挥政府部门、中医药机构和社会组织等的作用，广泛开展多种形式、面向海外的中医药文化科普宣传，促进多层次的中医药国际交流合作。进一步加强中医药国际教育、培训工作，强化援外医疗服务中的中医药内容，分享中医药

防治传染病经验。

1. 中医药文化海外传播专项　支持举办大型中医药文化展示、义诊和科普宣传活动，促进民众对中医药理论和医疗保健服务的了解与认同。支持应用媒体传播技术，开展中医药文化产品的研究开发与推广。支持开展国际论坛、会议、展览等各类中医药国际交流活动。

2. 中医药国际教育合作专项　支持与国际知名大学合作办学，将中医药纳入当地高等教育体系，扩大中医药学历教育和继续教育规模。支持开展面向海外的中医药学历教育和规范培训，支持开展远程中医药教育。

（三）中医药继承创新

针对中医药国际化进程中文化传播、医疗服务、产品推广应用等方面存在的突出问题，加强中医药国际科技合作，运用现代科学技术和中医药传统研究方法，开展中医药理论、技术、产品的研究与开发。

1. 中医药理论现代化专项　支持开展中医药理论的外语翻译工作，鼓励用国际化、现代化的语言对中医药进行表述，让海外民众更好地理解和认识中医中药。支持针对不同区域、国家和不同人种的差异，开展中医临床专项研究。

2. 中药产品海外注册专项　建立完善中药海外注册公共服务平台，支持中医药企业和社会组织开展以药品、保健品、功能食品等多种方式在海外注册中药产品的研究、推广工作。

（四）中医药国际合作平台建设

根据中医药国际化发展规划的整体布局，发挥政府引导作用，鼓励社会力量参与中医药国际合作平台建设。支持具备较强实力的中医药机构在海外合作建设中医药中心，合作开展中医药国际合作平台的建设。

1. 中医药海外中心专项　巩固已有的中医药海外中心建设成果，支持在东南亚、中北亚、中东欧等重点区域新建 30 个中医药海外中心。

2. 中医药国际合作平台专项　依托具备较强实力的中医药机构，在国内外合作建设一批中医药国际医疗旅游、养生基地。

（五）中医药服务贸易

将中医药服务贸易纳入国家对外贸易发展的总体规划之中，为中医药服务贸易参与多边、双边自由贸易区谈判等提供公共资源保障。鼓励中医药机构到海外开办中医医疗和养生保健机构，鼓励中医药企业及其产品走出国门，以及发展入境中医健康旅游等。

中医药服务贸易专项 开展中医药服务贸易示范工程项目，支持中医药服务贸易重点企业、平台和中介机构建设。鼓励中医药服务贸易对外整体宣传和推介，扶持中药材海外资源开拓，支持中医药服务贸易相关政策法规和贸易壁垒的专项研究。

七、保障机制

（一）完善和落实扶持政策

完善和落实将中医药“一带一路”建设纳入国家发展规划、纳入与沿线国家多双边合作机制以及多部门协调机制、金融财税支持等扶持政策，为中医药“一带一路”合作提供政策保障。建立和完善民间参与机制，创新多元化投融资模式，落实项目所需要资金。加强国际传统医药政策法规等信息的交流与共享，推动中医药国际化整体发展。

（二）加快中医药国际化人才队伍建设

内外结合、上下联动，加快培养一大批复合型、多层次的中医药国际化人才。做好人才服务，推动中医药人才在国际组织、中医药海外合作平台等机构开展工作，得到实际锻炼。加强海外中医药人才的教育、培训，加速中医药人才的本土化进程。

（三）加强项目实施管理

加强中医药“一带一路”建设和中医药国际化项目的统筹管理，明确任务分工，协调解决实施过程中的重大问题。加强对项目的政策指导和督促、评估，强化评估结果的应用。充分发挥地方各级政府的作用，健全地方的统筹协调和工作机制。

第三节 需要重视的若干问题

一、分享中医药文化，谋求广泛认同

取得认同是中医药走向世界的一个前提。文化差异在既往的中医药国际化过

程中，已被证明是一个不可忽视的重要影响因素。对于如何解决这一问题，一种观点认为不能割断海外中医药和母体文化的联系，而传播中医药文化对于解决中西方文化差异、促进中医药国际化具有决定性作用，主张通过多种方式来加强中医药文化的传播。另一种观点认为，一厢情愿地想要传播国内“地道”的中医容易引起文化冲突，反而会妨碍中医药走向世界。中医药在境外发展要充分考虑当地文化特征，尊重多元文化，从而增进中医药文化国际认同。

毋庸置疑，文化传播作为由文化发源地向外辐射传播或由一个社会群体向另一群体的散布过程，是中医药在当地克服文化差异、取得民众认同的必由之路。但具体的传播策略和方式不同，所获得的结果也会大相径庭。“地道”的中医因其蕴含着丰富的古代朴素哲学思想、理念并有着独特的理论体系，在国内尚且不能完全为所有人理解和接受，更何况思维方式、价值取向、伦理道德等方面存在显著差异的国外特别是西方国家的人。因此，中医药国际文化传播需要从目标国家民众的角度考虑，以他们能够接受的方式进行阐述。

在中医药文化传播中，一要注意以“分享”而非“灌输”的模式进行，加强彼此间的互动，改变“我说你听”的传统传播习惯。二是应重视更多地由从业人员在中医药服务过程中，“润物细无声”地持续传播、发展中医药理念。三是要吸引对方的人主动加入中医药文化传播行列，或是现身说法，或是加入其理解之后的思考与创作。四是要创新中医药文化表现形式，通过文学、影视、动漫作品以及新媒体等以人们喜闻乐见的形式进行传播，在当地民众中谋求对中医药更加广泛的认同。

二、用现代语言表述中医药理论

传统中医药理论主要见于历代中医药文献。由于当时的历史背景、古汉语文字、古代文化等方面的影响，这些理论的表述往往比较深奥难懂，不具备古代汉语和古代文化知识的人很难理解和掌握。对于国外的中医学习者而言，这方面的困难更加明显。这种状况的存在不利于中医药理论知识的国际传播，对外国留学生、短期培训学员等学习中医药影响较大，亟须有用现代语言表述并规范外文翻译的中医药理论教材。

虽然目前各种中医药教材已有不少是用现代语言表述，但一方面，阐明理论科学内涵的现代中医理论体系目前尚未真正建立，这类教材本身还存在许多不足之处。相对于古代中医药文献而言，这些教材的内容也比较有限。另一方面，现有的中医药理论外文译著，无论数量还是质量都存在明显不足，不能满足中医药国际化发展的需要。

建立现代中医理论体系是中医现代化的目标，也是中医药国际化的基础。2007年国家中医药管理局发布的《中医药科学研究发展纲要（2006—2020年）》，曾提出“到2020年，初步完成中医理论的系统整理和诠释，阐明理论的科学内涵，建立起由现象描述向本质阐明的中医理论体系”。这一目标依然是当前需要努力的方向。

三、进一步加强中医药海外中心建设

中医药海外中心承担着促进中医药走向世界的重任，是海外中医药医疗、保健、科研、教育、产业、文化“六位一体”发展的有效载体。需要在前期取得工作成效的基础上，进一步改革创新、探索实践，不断完善海外中心的体制机制，在服务国家战略、推动中医药发展中发挥更大的作用。

（一）多方联动，完善海外中心布局

一方面，进一步推动将中医药合作纳入与相关国家双边、多边合作机制，加强与相关国家在传统医药（包括中医药）领域的信息交流与合作，在前期合作和中医药国际标准化基础上促进双方在传统医学领域的资格、标准互认。另一方面，充分发挥丝路基金以及社会资金的作用，鼓励社会各界共同参与中医药海外中心的建设。同时，进一步发挥中医药院校、中医医院、企业和国外合作方的积极性。针对前期布点的不足，以尚未布点的上合组织成员、“金砖”五国、国际经济合作走廊沿线国家为重点方向，兼顾区域之间的平衡，完善海外中心布局。

（二）积极探索，形成多元投资模式

通过政府引导、民间参与，鼓励开展中医药海外中心多元化投融资模式的探索实践，进一步完善已有的海外中心合作基金会等模式，形成权责明确、优势互补、利益共享、风险共担的合作机制。可以考虑采用政府立项招标的方式，辅以适当的金融财税支持，在国家政府间合作协议框架下设立具体的中医药海外中心项目，以国内中医药院校、中医医院、学术组织等为主体，联合相关企业和国外

合作机构共同申报。在恪守海外中心章程和合作双方法律法规的前提下，允许民间资金和个人通过设立基金、合作机构等多种形式，参与中医药海外中心建设。

（三）培聘结合，充实中医人才梯队

加快实施中医药对外交流与合作人才培养项目，从不同层面和途径，培养一批中医药功底扎实、外语运用熟练、熟悉国际规则的复合型中医药人才，分批派遣至中医药海外中心承担日常的医、教、研等方面工作。由国家中医药管理局组织相关高校、医院、学术组织等，通过与国际组织的深度合作，重点培养一批经过国际组织任职锻炼、具有较为丰富国际合作经验的中医药骨干人才，承担对外合作协调等方面工作。聘请有国际合作交流经验及影响力的中医药专家，对海外中心的业务和发展进行指导。充分利用当地的华人、归国留学生等中医药人才资源，加快海外中心中医人才本土化步伐。积极开展当地中医药人员的培训、考核、评审活动，探索名师传承的海外模式。

（四）加强管理，完善考核评估机制

结合中医药海外中心政府立项、招标和管理工作的开展，根据海外中心承担的职能、规模等不同，由国家中医药管理局分类、分级制定相应的建设标准和考核评估标准，并进一步加强海外中心建设的过程管理和验收、认证等工作，将已有的评审、督导、评估等方面工作制度化、标准化。对于综合性的中医药海外中心建设，应充分体现“六位一体”的职能，突出中医医疗技术、临床服务能力、教学和科研能力的区域内领先水平。国家中医药管理局定期组织专家开展中医药海外中心的考核评估工作，探索开展专项中医药技术、能力的第三方海外认证。

（五）推动立法，制订海外标准规范

以推进中医药海外中心的业务开展为突破口，加强与当地政府的沟通协调并争取社会各界的大力支持，推动海外中心所在国家以立法形式在中医医师执业资格、教育学历认可、中药产品准入、中医诊疗费用纳入医保支付范围等方面放宽对中医药服务及产品的准入限制，明确相应的标准，规范中医药服务行为。充分发挥ISO/TC249、世界中医药学会联合会、世界针灸学会联合会等国际组织作用，加强海外中医药服务的相关标准规范研究，推动相关国家建立统一的中医药相关国际标准。

（六）搭建平台，发展互联网＋中医

汲取中国-阿联酋中医药中心等开展中医远程医疗咨询服务的经验，以中医药海外中心为服务终端，对海外中心收治的疑难杂症，通过互联网技术积极开展远程中医药服务。一方面有利于延伸海外中心的中医药服务，促进海外中心发展；另一方面有助于推动中医药服务贸易，促进互联网＋中医的发展。可采取公益＋商业运作模式，联合中医药海外中心的国内承建、支持单位，建立、完善一个对外中医药网上服务平台和一支对外中医药网上服务专家团队，由企业承担平台建设和维护工作，实行诊疗收费和政府补贴相结合的服务补偿机制。

（七）加强协作，发挥中心整体效应

可以采用联合会等形式，适时成立由中医药海外中心共同参与发起的行业联盟组织。通过联合，充分发挥各个海外中心的资源优势，团结、联合各方力量，共同推进中医药海外中心的规范、健康发展。通过加强海外中心之间的协作，联合开展相关标准规范的研究、实施，举办、承办具有广泛影响的海外大型中医药活动等，充分发挥中医药海外中心的整体效应。加强与当地中医药行业组织的联系、协作或加入其中发挥作用，共同推进当地中医药的规范、健康发展。

四、注重发挥民间作用

政府部门在中医药走向世界进程中，主要起到引导和支持的作用。在加强与国际组织合作、推动政府间合作协议、发挥政府间多双边机制以及政策法规支持、统筹协调工作、项目资金引导等方面，政府部门都发挥了非常重要的作用。中医药国际化离不开官方机构和民间组织的合力。纵观中医药向世界范围传播的历程，也是一个从民间交流逐渐扩展到政府间交流的过程。民间交流在实际工作中有其独特的优势，当前依然需要特别重视发挥民间力量的作用，并与政府部门相互配合，共同推进中医药的国际化。

中医药院校、医院、科研院所、企业等各类中医药机构是开展中医药国际化工作的主体，充分调动海内外中医药机构的积极性，有利于整合有效资源，高质量地开展合作交流。政府资金在中医药国际合作中存在数额相对有限、使用条件有一定限制等不足，鼓励社会资本以 PPP 模式等途径参与合作，有助于汇聚各方力量，满足合作所需的资金需求。中介服务机构和中医药行业组织等，同样也是

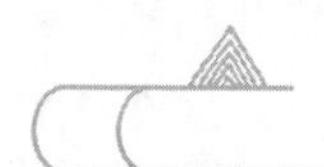

中医药走向世界不可或缺的力量。

五、合作共赢，拓展中医药资源

在国家一系列政策法规的大力支持下，近年来国内中医药健康服务需求不断增长，中医药事业快速发展，成效显著。但面对国内、国外对中医药健康服务需求的同步增长，中医药资源在总体上已呈现不足。特别是中医药人才、机构、资金以及中药材等方面，资源不足的情况更加突出，不利于持续推进中医药国际化的快速发展。

解决中医药国际化所面临的资源不足问题，一方面需要进一步大力发展国内中医药事业，促进中医药医疗、保健、教育、科研、产业、文化的全面发展，在加强资源保护与合理开发利用的前提下，确保源头活水生生不息。另一方面，还需要创新合作模式与机制，充分利用国外的自然与社会资源，合作共赢，不断拓展中医药的资源。

附 录

附录一

中医药发展战略规划纲要（2016—2030年）

中医药作为我国独特的卫生资源、潜力巨大的经济资源、具有原创优势的科技资源、优秀的文化资源和重要的生态资源，在经济社会发展中发挥着重要作用。随着我国新型工业化、信息化、城镇化、农业现代化深入发展，人口老龄化进程加快，健康服务业蓬勃发展，人民群众对中医药服务的需求越来越旺盛，迫切需要继承、发展、利用好中医药，充分发挥中医药在深化医药卫生体制改革中的作用，造福人类健康。为明确未来十五年我国中医药发展方向和工作重点，促进中医药事业健康发展，制定本规划纲要。

一、基本形势

新中国成立后特别是改革开放以来，党中央、国务院高度重视中医药工作，制定了一系列政策措施，推动中医药事业发展取得了显著成就。中医药总体规模不断扩大，发展水平和服务能力逐步提高，初步形成了医疗、保健、科研、教育、产业、文化整体发展新格局，对经济社会发展贡献度明显提升。截至2014年底，全国共有中医类医院（包括中医、中西医结合、民族医医院，下同）3 732所，中医类医院床位75.5万张，中医类执业（助理）医师39.8万人，2014年中医类医院总诊疗人次5.31亿。中医药在常见病、多发病、慢性病及疑难病症、重大传染病防治中的作用得到进一步彰显，得到国际社会广泛认可。2014年中药生产企业达到3 813家，中药工业总产值7 302亿元。中医药已经传播到183个国家和地区。

另一方面，我国中医药资源总量仍然不足，中医药服务领域出现萎缩现象，基层中医药服务能力薄弱，发展规模和水平还不能满足人民群众健康需求；中医药高层次人才缺乏，继承不足、创新不够；中药产业集中度低，野生中药材资源破坏严重，部分中药材品质下降，影响中医药可持续发展；适应中医药发展规律的法律政策体系有待健全；中医药走向世界面临制约和壁垒，国际竞争力有待进一步提升；中医药治理体系和治理能力现代化水平亟待提高，迫切需要加强顶层设计和统筹规划。

当前，我国进入全面建成小康社会决胜阶段，满足人民群众对简便验廉的中医药服务需求，迫切需要大力发展健康服务业，拓宽中医药服务领域。深化医药卫生体制改革，加快推进健康中国建设，迫切需要在构建中国特色基本医疗制度中发挥中医药独特作用。适应未来医学从疾病医学向健康医学转变、医学模式从生物医学向生物—心理—社会模式转变的发展趋势，迫切需要继承和发展中医药的绿色健康理念、天人合一的整体观念、辨证施治和综合施治的诊疗模式、运用自然的防治手段和全生命周期的健康服务。促进经济转型升级，培育新的经济增长动能，迫切需要加大对中医药的扶持力度，进一步激发中医药原创优势，促进中医药产业提质增效。传承和弘扬中华优秀传统文化，迫切需要进一步普及和宣传中医药文化知识。实施“走出去”战略，推进“一带一路”建设，迫切需要推动中医药海外创新发展。各地区、各有关部门要正确认识形势，把握机遇，扎实推进中医药事业持续健康发展。

二、指导思想、基本原则和发展目标

（一）指导思想

认真落实党的十八大和十八届二中、三中、四中、五中全会精神，深入贯彻习近平总书记系列重要讲话精神，紧紧围绕“四个全面”战略布局和党中央、国务院决策部署，牢固树立创新、协调、绿色、开放、共享发展理念，坚持中西医并重，从思想认识、法律地位、学术发展与实践运用上落实中医药与西医药的平等地位，充分遵循中医药自身发展规律，以推进继承创新为主题，以提高中医药发展水平为中心，以完善符合中医药特点的管理体制和政策机制为重点，以增进和维护人民群众健康为目标，拓展中医药服务领域，促进中西医结合，发挥中医药在促进卫生、经济、科技、文化和生态文明发展中的独特作用，统筹推进中医药事业振兴发展，为深化医药卫生体制改革、推进健康中国建设、全面建成小康社会和实现“两个一百年”奋斗目标做出贡献。

（二）基本原则

坚持以人为本、服务惠民。以满足人民群众中医药健康需求为出发点和落脚点，坚持中医药发展为了人民、中医药成果惠及人民，增进人民健康福祉，保证人民享有安全、有效、方便的中医药服务。

坚持继承创新、突出特色。把继承创新贯穿中医药发展一切工作，正确把握好继承和创新的关系，坚持和发扬中医药特色优势，坚持中医药原创思维，充分利用现代科学技术和方法，推动中医药理论与实践不断发展，推进中医药现代化，在创新中不断形成新特色、新优势，永葆中医药薪火相传。

坚持深化改革、激发活力。改革完善中医药发展体制机制，充分发挥市场在资源配置中的决定性作用，拉动投资消费，推进产业结构调整，更好发挥政府在制定规划、出台政策、引导投入、规范市场等方面的作用，积极营造平等参与、公平竞争的市场环境，不断激发中医药发展的潜力和活力。

坚持统筹兼顾、协调发展。坚持中医与西医相互取长补短，发挥各自优势，促进中西医结合，在开放中发展中医药。统筹兼顾中医药发展各领域、各环节，注重城乡、区域、国内国际中医药发展，促进中医药医疗、保健、科研、教育、产业、文化全面发展，促进中医中药协调发展，不断增强中医药发展的整体性和系统性。

（三）发展目标

到2020年，实现人人基本享有中医药服务，中医医疗、保健、科研、教育、产业、文化各领域得到全面协调发展，中医药标准化、信息化、产业化、现代化水平不断提高。中医药健康服务能力明显增强，服务领域进一步拓宽，中医医疗服务体系进一步完善，每千人口公立中医类医院床位数达到0.55张，中医药服务可得性、可及性明显改善，有效减轻群众医疗负担，进一步放大医改惠民效果；中医基础理论研究及重大疾病攻关取得明显进展，中医药防治水平大幅度提高；中医药人才教育培养体系基本建立，凝聚一批学术领先、医术精湛、医德高尚的

中医药人才，每千人口卫生机构中医执业类（助理）医师数达到0.4人；中医药产业现代化水平显著提高，中药工业总产值占医药工业总产值30%以上，中医药产业成为国民经济重要支柱之一；中医药对外交流合作更加广泛；符合中医药发展规律的法律体系、标准体系、监督体系和政策体系基本建立，中医药管理体制更加健全。

到2030年，中医药治理体系和治理能力现代化水平显著提升，中医药服务领域实现全覆盖，中医药健康服务能力显著增强，在治未病中的主导作用、在重大疾病治疗中的协同作用、在疾病康复中的核心作用得到充分发挥；中医药科技水平显著提高，基本形成一支由百名国医大师、万名中医名师、百万中医师、千万职业技能人员组成的中医药人才队伍；公民中医健康文化素养大幅度提升；中医药工业智能化水平迈上新台阶，对经济社会发展的贡献率进一步增强，我国在世界传统医药发展中的引领地位更加巩固，实现中医药继承创新发展、统筹协调发展、生态绿色发展、包容开放发展和人民共享发展，为健康中国建设奠定坚实基础。

三、重点任务

（一）切实提高中医医疗服务能力

1. 完善覆盖城乡的中医医疗服务网络　全面建成以中医类医院为主体、综合医院等其他类别医院中医药科室为骨干、基层医疗卫生机构为基础、中医门诊部和诊所为补充、覆盖城乡的中医医疗服务网络。县级以上地方人民政府要在区域卫生规划中合理配置中医医疗资源，原则上在每个地市级区域、县级区域设置1个市办中医类医院、1个县办中医类医院，在综合医院、妇幼保健机构等非中医类医疗机构设置中医药科室。在乡镇卫生院和社区卫生服务中心建立中医馆、国医堂等中医综合服务区，加强中医药设备配置和中医药人员配备。加强中医医院康复科室建设，支持康复医院设置中医药科室，加强中医康复专业技术人员的配备。

2. 提高中医药防病治病能力　实施中医临床优势培育工程，加强在区域内有影响力、科研实力强的省级或地市级中医医院能力建设。建立中医药参与突发公共事件应急网络和应急救治工作协调机制，提高中医药应急救治和重大传染病防治能力。持续实施基层中医药服务能力提升工程，提高县级中医医院和基层医疗卫生机构中医优势病种诊疗能力、中医药综合服务能力。建立慢性病中医药监测与信息管理制度，推动建立融入中医药内容的社区健康管理模式，开展高危人群中医药健康干预，提升基层中医药健康管理水平。大力发展中医非药物疗法，充分发挥其在常见病、多发病和慢性病防治中的独特作用。建立中医医院与基层医疗卫生机构、疾病预防控制机构分工合作的慢性病综合防治网络和工作机制，加快形成急慢分治的分级诊疗秩序。

3. 促进中西医结合　运用现代科学技术，推进中西医资源整合、优势互补、协同创新。加强中西医结合创新研究平台建设，强化中西医临床协作，开展重大疑难疾病中西医联合攻关，形成独具特色的中西医结合诊疗方案，提高重大疑难疾病、急危重症的临床疗效。探索建立和完善国家重大疑难疾病中西医协作工作机制与模式，提升中西医结合服务能力。积极创造条件建设中西医结合医院。完善中西医结合人才培养政策措施，建立更加完善的西医学习中医制度，鼓励西医离职学习中医，加强高层次中西医结合人才培养。

4. 促进民族医药发展　将民族医药发展纳入民族地区和民族自治地方经济社会发展规划，加强民族医医疗机构建设，支持有条件的民族自治地方举办民族医医院，鼓励民族地区各类医疗卫生机构设立民族医药科，鼓励社会力量举办民族医医院和诊所。加强民族医药传承保护、理论研究和文献的抢救与整理。推进民族药标准建设，提高民族药质量，加大开发推广力度，促进民族药产业发展。

5. 放宽中医药服务准入　改革中医医疗执业人员资格准入、执业范围和执业管理制度，根据执业技能探索实行分类管理，对举办中医诊所的，将依法实施备案制管理。改革传统医学师承和确有专长人员执业资格准入制度，允许取得乡村医生执业证书的中医药一技之长人员在乡镇和村开办中医诊所。鼓励社会力量举办连锁中医医疗机构，对社会资本举办只提供传统中医药服务的中医门诊部、诊所，医疗机构设置规划和区域卫生发展规划不作布局限制，支持有资质的中医专业技术人员特别是名老中医开办中医门诊部、诊所，鼓励药品经营企业举办中医坐堂医诊所。保证社会办和政府办中医医疗机构在准入、执业等方面享有同等权利。

6. 推动“互联网+”中医医疗　大力发展中医远程医疗、移动医疗、智慧医疗等新型医疗服务模式。构建集医学影像、检验报告等健康档案于一体的医疗信息共享服务体系，逐步建立跨医院的中医医疗数据共享交换标准体系。探索互联网延伸医嘱、电子处方等网络中医医疗服务应用。利用移动互联网等信息技术提供在线预约诊疗、候诊提醒、划价缴费、诊疗报告查询、药品配送等便捷服务。

（二）大力发展中医养生保健服务

1. *加快中医养生保健服务体系建设* 研究制定促进中医养生保健服务发展的政策措施，支持社会力量举办中医养生保健机构，实现集团化发展或连锁化经营。实施中医治未病健康工程，加强中医医院治未病科室建设，为群众提供中医健康咨询评估、干预调理、随访管理等治未病服务，探索融健康文化、健康管理、健康保险于一体的中医健康保障模式。鼓励中医医院、中医医师为中医养生保健机构提供保健咨询、调理和药膳等技术支持。

2. *提升中医养生保健服务能力* 鼓励中医医疗机构、养生保健机构走进机关、学校、企业、社区、乡村和家庭，推广普及中医养生保健知识和易于掌握的理疗、推拿等中医养生保健技术与方法。鼓励中医药机构充分利用生物、仿生、智能等现代科学技术，研发一批保健食品、保健用品和保健器械器材。加快中医治未病技术体系与产业体系建设。推广融入中医治未病理念的健康工作和生活方式。

3. *发展中医药健康养老服务* 推动中医药与养老融合发展，促进中医医疗资源进入养老机构、社区和居民家庭。支持养老机构与中医医疗机构合作，建立快速就诊绿色通道，鼓励中医医疗机构面向老年人群开展上门诊视、健康查体、保健咨询等服务。鼓励中医医师在养老机构提供保健咨询和调理服务。鼓励社会资本新建以中医药健康养老为主的护理院、疗养院，探索设立中医药特色医养结合机构，建设一批医养结合示范基地。

4. *发展中医药健康旅游服务* 推动中医药健康服务与旅游产业有机融合，发展以中医药文化传播和体验为主题，融中医疗养、康复、养生、文化传播、商务会展、中药材科考与旅游于一体的中医药健康旅游。开发具有地域特色的中医药健康旅游产品和线路，建设一批国家中医药健康旅游示范基地和中医药健康旅游综合体。加强中医药文化旅游商品的开发生产。建立中医药健康旅游标准化体系，推进中医药健康旅游服务标准化和专业化。举办“中国中医药健康旅游年”，支持举办国际性的中医药健康旅游展览、会议和论坛。

（三）扎实推进中医药继承

1. 加强中医药理论方法继承　实施中医药传承工程，全面系统继承历代各家学术理论、流派及学说，全面系统继承当代名老中医药专家学术思想和临床诊疗经验，总结中医优势病种临床基本诊疗规律。将中医古籍文献的整理纳入国家中华典籍整理工程，开展中医古籍文献资源普查，抢救濒临失传的珍稀与珍贵古籍文献，推动中医古籍数字化，编撰出版《中华医藏》，加强海外中医古籍影印和回归工作。

2. 加强中医药传统知识保护与技术挖掘　建立中医药传统知识保护数据库、保护名录和保护制度。加强中医临床诊疗技术、养生保健技术、康复技术筛选，完善中医医疗技术目录及技术操作规范。加强对传统制药、鉴定、炮制技术及老药工经验的继承应用。开展对中医药民间特色诊疗技术的调查、挖掘整理、研究评价及推广应用。加强对中医药百年老字号的保护。

3. 强化中医药师承教育　建立中医药师承教育培养体系，将师承教育全面融入院校教育、毕业后教育和继续教育。鼓励医疗机构发展师承教育，实现师承教育常态化和制度化。建立传统中医师管理制度。加强名老中医药专家传承工作室建设，吸引、鼓励名老中医药专家和长期服务基层的中医药专家通过师承模式培养多层次的中医药骨干人才。

（四）着力推进中医药创新

1. 健全中医药协同创新体系　健全以国家和省级中医药科研机构为核心，以高等院校、医疗机构和企业为主体，以中医科学研究基地（平台）为支撑，多学科、跨部门共同参与的中医药协同创新体制机制，完善中医药领域科技布局。统筹利用相关科技计划（专项、基金等），支持中医药相关科技创新工作，促进中医药科技创新能力提升，加快形成自主知识产权，促进创新成果的知识产权化、商品化和产业化。

2. 加强中医药科学研究　运用现代科学技术和传统中医药研究方法，深化中医基础理论、辨证论治方法研究，开展经穴特异性及针灸治疗机制、中药药性理论、方剂配伍理论、中药复方药效物质基础和作用机制等研究，建立概念明确、结构合理的理论框架体系。加强对重大疑难疾病、重大传染病防治的联合攻关和对常见病、多发病、慢性病的中医药防治研究，形成一批防治重大疾病和治未病的重大产品和技术成果。综合运用现代科技手段，开发一批基于中医理论的诊疗仪器与设备。探索适合中药特点的新药开发新模式，推动重大新药创制。鼓励基于经典名方、医疗机构中药制剂等的中药新药研发。针对疾病新的药物靶标，在中药资源中寻找新的候选药物。

3. 完善中医药科研评价体系　建立和完善符合中医药特点的科研评价标准和体系，研究完善有利于中医药创新的激励政策。通过同行评议和引进第三方评估，提高项目管理效率和研究水平。不断提高中医药科研成果转化效率。开展中医临床疗效评价与转化应用研究，建立符合中医药特点的疗效评价体系。

（五）全面提升中药产业发展水平

1. 加强中药资源保护利用　实施野生中药材资源保护工程，完善中药材资源分级保护、野生中药材物种分级保护制度，建立濒危野生药用动植物保护区、野生中药材资源培育基地和濒危稀缺中药材种植养殖基地，加强珍稀濒危野生药用动植物保护、繁育研究。建立国家级药用动植物种质资源库。建立普查和动态监测相结合的中药材资源调查制度。在国家医药储备中，进一步完善中药材及中药饮片储备。鼓励社会力量投资建立中药材科技园、博物馆和药用动植物园等保育基地。探索荒漠化地区中药材种植生态经济示范区建设。

2. 推进中药材规范化种植养殖　制定中药材主产区种植区域规划。制定国家道地药材目录，加强道地药材良种繁育基地和规范化种植养殖基地建设。促进中药材种植养殖业绿色发展，制定中药材种植养殖、采集、储藏技术标准，加强对中药材种植养殖的科学引导，大力发展中药材种植养殖专业合作社和合作联社，提高规模化、规范化水平。支持发展中药材生产保险。建立完善中药材原产地标记制度。实施贫困地区中药材产业推进行动，引导贫困户以多种方式参与中药材生产，推进精准扶贫。

3. 促进中药工业转型升级　推进中药工业数字化、网络化、智能化建设，加强技术集成和工艺创新，提升中药装备制造水平，加速中药生产工艺、流程的标准化、现代化，提升中药工业知识产权运用能力，逐步形成大型中药企业集团和产业集群。以中药现代化科技产业基地为依托，实施中医药大健康产业科技创业者行动，促进中药一二三产业融合发展。开展中成药上市后再评价，加大中成药二次开发力度，开展大规模、规范化临床试验，培育一批具有国际竞争力的名方大药。开发一批中药制造机械与设备，提高中药制造业技术水平与规模效益。推进实施中药标准化行动计划，构建中药产业全链条的优质产品标准体系。实施中药绿色制造工程，形成门类丰富的新兴绿色产业体系，逐步减少重金属及其化合物等物质的使用量，严格执行《中药类制药工业水污染物排放标准》（GB 21906-2008），建立中药绿色制造体系。

4. 构建现代中药材流通体系　制定中药材流通体系建设规划，建设一批道地药材标准化、集约化、规模化和可追溯的初加工与仓储物流中心，与生产企业供应商管理和质量追溯体系紧密相连。发展中药材电子商务。利用大数据加强中药材生产信息搜集、价格动态监测分析和预测预警。实施中药材质量保障工程，建立中药材生产流通全过程质量管理和质量追溯体系，加强第三方检测平台建设。

（六）大力弘扬中医药文化

1. 繁荣发展中医药文化　大力倡导“大医精诚”理念，强化职业道德建设，形成良好行业风尚。实施中医药健康文化素养提升工程，加强中医药文物设施保护和非物质文化遗产传承，推动更多非药物中医诊疗技术列入联合国教科文组织非物质文化遗产名录和国家级非物质文化遗产目录，使更多古代中医典籍进入世界记忆名录。推动中医药文化国际传播，展示中华文化独特魅力，提升我国文化软实力。

2. 发展中医药文化产业　推动中医药与文化产业融合发展，探索将中医药文化纳入文化产业发展规划。创作一批承载中医药文化的创意产品和文化精品。促进中医药与广播影视、新闻出版、数字出版、动漫游戏、旅游餐饮、体育演艺等有效融合，发展新型文化产品和服务。培育一批知名品牌和企业，提升中医药与文化产业融合发展水平。

（七）积极推动中医药海外发展

1. 加强中医药对外交流合作　深化与各国政府和世界卫生组织、国际标准化组织等的交流与合作，积极参与国际规则、标准的研究与制订，营造有利于中医药海外发展的国际环境。实施中医药海外发展工程，推动中医药技术、药物、标准和服务走出去，促进国际社会广泛接受中医药。本着政府支持、民间运作、服务当地、互利共赢的原则，探索建设一批中医药海外中心。支持中医药机构全面参与全球中医药各领域合作与竞争，发挥中医药社会组织的作用。在国家援外医疗中进一步增加中医药服务内容。推进多层次的中医药国际教育交流合作，吸引更多的海外留学生来华接受学历教育、非学历教育、短期培训和临床实习，把中医药打造成中外人文交流、民心相通的亮丽名片。

2. 扩大中医药国际贸易　将中医药国际贸易纳入国家对外贸易发展总体战略，构建政策支持体系，突破海外制约中医药对外贸易发展的法律、政策障碍和技术壁垒，加强中医药知识产权国际保护，扩大中医药服务贸易国际市场准入。支持中医药机构参与“一带一路”建设，扩大中医药对外投资和贸易。为中医药服务贸易发展提供全方位公共资源保障。鼓励中医药机构到海外开办中医医院、连锁诊所和中医养生保健机构。扶持中药材海外资源开拓，加强海外中药材生产流通质量管理。鼓励中医药企业走出去，加快打造全产业链服务的跨国公司和知名国际品牌。积极发展入境中医健康旅游，承接中医医疗服务外包，加强中医药服务贸易对外整体宣传和推介。

四、保障措施

1. 健全中医药法律体系　推动颁布并实施中医药法，研究制定配套政策法规和部门规章，推动修订执业医师法、药品管理法和医疗机构管理条例、中药品种保护条例等法律法规，进一步完善中医类别执业医师、中医医疗机构分类和管理、中药审批管理、中医药传统知识保护等领域相关法律规定，构建适应中医药发展需要的法律法规体系。指导地方加强中医药立法工作。

2. 完善中医药标准体系　为保障中医药服务质量安全，实施中医药标准化工程，重点开展中医临床诊疗指南、技术操作规范和疗效评价标准的制定、推广与应用。系统开展中医治未病标准、药膳制作标准和中医药保健品标准等研究制定。健全完善中药质量标准体系，加强中药质量管理，重点强化中药炮制、中药鉴定、中药制剂、中药配方颗粒以及道地药材的标准制定与质量管理。加快中药数字化标准及中药材标本建设。加快国内标准向国际标准转化。加强中医药监督体系建设，建立中医药监督信息数据平台。推进中医药认证管理，发挥社会力量的监督作用。

3. 加大中医药政策扶持力度　落实政府对中医药事业的投入政策。改革中医药价格形成机制，合理确定中医医疗服务收费项目和价格，降低中成药虚高药价，破除以药补医机制。继续实施不取消中药饮片加成政策。在国家基本药物目录中进一步增加中成药品种数量，不断提高国家基本药物中成药质量。地方各级政府要在土地利用总体规划和城乡规划中统筹考虑中医药发展需要，扩大中医医疗、养生保健、中医药健康养老服务等用地供给。

4. *加强中医药人才队伍建设*　建立健全院校教育、毕业后教育、继续教育有机衔接以及师承教育贯穿始终的中医药人才培养体系。重点培养中医重点学科、重点专科及中医药临床科研领军人才。加强全科医生人才、基层中医药人才以及民族医药、中西医结合等各类专业技能人才培养。开展临床类别医师和乡村医生中医药知识与技能培训。建立中医药职业技能人员系列，合理设置中医药健康服务技能岗位。深化中医药教育改革，建立中医学专业认证制度，探索适应中医医师执业分类管理的人才培养模式，加强一批中医药重点学科建设，鼓励有条件的民族地区和高等院校开办民族医药专业，开展民族医药研究生教育，打造一批世界一流的中医药名校和学科。健全国医大师评选表彰制度，完善中医药人才评价机制。建立吸引、稳定基层中医药人才的保障和长效激励机制。

5. *推进中医药信息化建设*　按照健康医疗大数据应用工作部署，在健康中国云服务计划中，加强中医药大数据应用。加强中医医院信息基础设施建设，完善中医医院信息系统。建立对患者处方真实有效性的网络核查机制，实现与人口健康信息纵向贯通、横向互通。完善中医药信息统计制度建设，建立全国中医药综合统计网络直报体系。

五、组织实施

1. *加强规划组织实施*　进一步完善国家中医药工作部际联席会议制度，由国务院领导同志担任召集人。国家中医药工作部际联席会议办公室要强化统筹协调，研究提出中医药发展具体政策措施，协调解决重大问题，加强对政策落实的指导、督促和检查；要会同相关部门抓紧研究制定本规划纲要实施分工方案，规划建设一批国家中医药综合改革试验区，确保各项措施落到实处。地方各级政府要将中医药工作纳入经济社会发展规划，加强组织领导，健全中医药发展统筹协调机制和工作机制，结合实际制定本规划纲要具体实施方案，完善考核评估和监督检查机制。

2. 健全中医药管理体制　按照中医药治理体系和治理能力现代化要求，创新管理模式，建立健全国家、省、市、县级中医药管理体系，进一步完善领导机制，切实加强中医药管理工作。各相关部门要在职责范围内，加强沟通交流、协调配合，形成共同推进中医药发展的工作合力。

3. 营造良好社会氛围　综合运用广播电视、报刊等传统媒体和数字智能终端、移动终端等新型载体，大力弘扬中医药文化知识，宣传中医药在经济社会发展中的重要地位和作用。推动中医药进校园、进社区、进乡村、进家庭，将中医药基础知识纳入中小学传统文化、生理卫生课程，同时充分发挥社会组织作用，形成全社会“信中医、爱中医、用中医”的浓厚氛围和共同发展中医药的良好格局。

附录二

中医药“一带一路”发展规划（2016—2020年）

为贯彻落实《推动共建丝绸之路经济带和21世纪海上丝绸之路的愿景与行动》，加强与“一带一路”沿线国家在中医药（含民族医药）领域的交流与合作，开创中医药全方位对外开放新格局，制定本规划。

一、基本形势

自古以来，中医药就是古丝绸之路沿线国家交流合作的重要内容，伴随早期的商贸活动在沿线国家落地生根，以不同形态成为沿线民众共享共建的卫生资源。近年来，随着健康观念和医学模式的转变，中医药在防治常见病、多发病、慢性病及重大疾病中的疗效和作用日益得到国际社会的认可和接受。目前，中医药已传播到183个国家和地区，中国已同外国政府、地区主管机构和国际组织签署了86个中医药合作协议。屠呦呦研究员因发现青蒿素获得2015年诺贝尔生理学或医学奖，表明中医药为人类健康做出卓越贡献。中医针灸列入联合国教科文组织“人类非物质文化遗产代表作名录”，《本草纲目》和《黄帝内经》列入“世界记忆名录”。国际标准化组织（ISO）成立中医药技术委员会（ISO/TC249），并陆续制定颁布10余项中医药国际标准。以中医药为代表的传统医学首次纳入世界卫生组织国际疾病分类代码（ICD-11），中医药作为国际医学体系的重要组成部分，正为促进人类健康发挥积极作用。

与此同时，我们也清醒地认识到，中医药“一带一路”发展还面临着诸多困难和挑战。由于文化背景和理论体系的差异，沿线卫生管理模式大部分建立在现代医学体系上，中医药面临政策和技术等方面的壁垒。传统医药在大多数国家处于补充和替代地位，发展环境不容乐观。国内中医药事业发展质量和效益尚显薄弱，“走出去”的基础有待加强。同时，现有外向型合作机制还不能很好地适应形势发展需要，具有国际竞争力的外向型团队尚未形成，中医药参与“一带一路”建设的任务依然十分艰巨。

推动中医药“一带一路”建设，对服务国家战略具有重要意义。中医药凝聚着中华民族传统文化的精华，是中华文明与沿线国家人文交流的重要内容，有助于促进与沿线国家民心相通。中医药是中国特色医药卫生事业的重要组成部分，可以为沿线国家解决医疗可持续发展提供借鉴参考，满足沿线各国建设民生的普遍关切。随着中医药融入国际医学体系的步伐逐渐加快，中医药健康服务业发展存在巨大潜力，能够为促进经济结构转型、拉动经济增长贡献力量。积极参与“一带一路”建设，有利于促进中医药传承创新，促进中医药原创思维与现代科技融合发展，为维护人类健康做出新的贡献。

二、总体要求

（一）指导思想

认真落实党的十八大和十八届二中、三中、四中、五中、六中全会精神，深入贯彻习近平总书记系列重要讲话精神，按照“一带一路”愿景与行动倡议总体部署，秉持亲诚惠容，坚持共商、共建、共享理念，遵循中医药发展规律，充分利用国内国际两种资源、两个市场、两类规则，立足沿线各国不同发展现状，丰富对外合作内涵，提高对外合作水平，统筹推进中医药医疗、保健、教育、科研、文化和产业的对外交流与合作，实现中医药与沿线各国传统医学和现代医学的融合发展，为“一带一路”倡议服务，为维护人类健康服务。

（二）基本原则

依托优势，服务大局。充分发挥中医药作为卫生资源、经济资源、科技资源、文化资源和生态资源等五大资源优势，服从和服务于国家全方位对外开放新格局的整体部署，推动中医药与沿线各国深度融合。

政府引领，市场运作。充分利用政府间现有多边、双边机制，搭建稳固合作平台。发挥各类机构在对外合作中的主体作用，充分遵循市场规律，加强供给侧和需求侧协同发展，扩大有效和中高端供给。

因地制宜，分类施策。立足沿线各国不同发展现状，针对当地民众医疗保健需求，有区别地选择合作领域、模式和项目，制定和实施符合实际的合作路线和措施。

上下联动，内外统筹。统筹国际和区域发展布局，有效引导地方依据自身特色与沿线国家开展交流合作，形成错位发展、分工协作、步调一致、共同推进的工作局面。

（三）发展目标

到2020年，中医药“一带一路”全方位合作新格局基本形成，国内政策支撑体系和国际协调机制逐步完善，以周边国家和重点国家为基础，与沿线国家合作建设30个中医药海外中心，颁布20项中医药国际标准，注册100种中药产品，建设50家中医药对外交流合作示范基地。中医药医疗与养生保健的价值被沿线民众广泛认可，更多沿线国家承认中医药的法律地位，中医药与沿线合作实现更大范围、更高水平、更深层次的大开放、大交流、大融合。

三、主要任务

（一）政策沟通，完善政府间交流合作机制

充分利用现有政府间合作机制，加强传统医学政策法规、人员资质、产品注册、市场准入、质量监管等方面的交流沟通和经验分享，为有条件的中医药机构“走出去”搭建平台，为中医药对外合作提供政策支持。深化与世界卫生组织、国际标准化组织、上海合作组织、中东欧、欧盟、东盟等多边合作机制，积极参

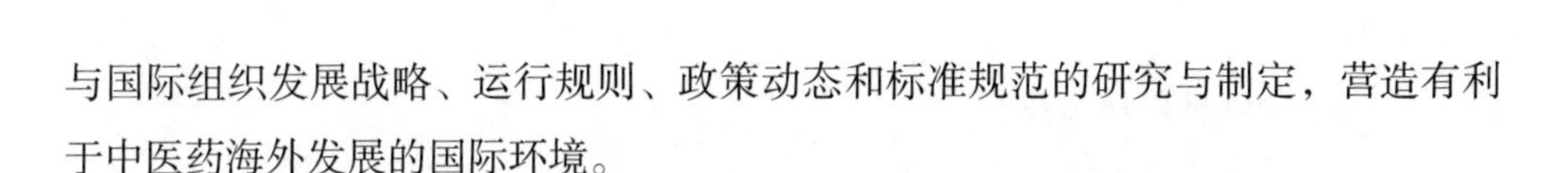

与国际组织发展战略、运行规则、政策动态和标准规范的研究与制定，营造有利于中医药海外发展的国际环境。

专栏 1　政府间合作机制建设

双边合作机制项目

落实中医药双边合作协议，构建政府间磋商和协调机制，加强政策沟通，协调解决重大问题，为中医药沿“一带一路”走出去营造良好政策环境。

国际组织平台项目

充分发挥世界卫生组织、国际标准化组织等多边组织作用，利用国际植物药法规与监管合作组织（IRCH）、中国–中东欧、中国–东盟、西太区草药协调论坛等多边机制，积极参与国际传统医学发展战略和标准规范研究与制定工作。

（二）资源互通，与沿线国家共享中医药服务

回应国际需求，做好区域布局，支持各类优秀中医药机构与沿线国家合作建设中医药中心，结合不同国家的常见病、多发病、慢性病以及重大疑难疾病，面向沿线民众提供中医医疗和养生保健服务，推动中医药理论、服务、文化融入沿线国家卫生体系。以医带药，针对不同国家的药品规管制度，推动成熟的中药产品以药品、保健品、功能食品等多种方式在沿线国家进行注册，形成知名品牌，扩大中药产品在国际市场所占份额。

专栏 2　中医药国际医疗服务体系建设

中医药海外中心项目

支持与沿线国家政府开展合作，本着政府支持、民间运作、服务当地、互利共赢的原则，沿中蒙俄、中国–中亚–西亚、中国–中南半岛、新亚欧大陆桥、中巴、孟中印缅等国际经济合作走廊，在中亚、西亚、南亚、东南亚、中东欧、欧洲、大洋洲、非洲等区域建设 30 个中医药海外中心。

中医药国际医疗基地项目

依托各类中医药机构，在国内建设一批中医药国际医疗合作基地，提升外向型合作水平，吸引沿线民众来华接受中医药医疗保健服务。支持有实力的中医医疗机构获得国际知名保险机构的认证，提高国内中医医疗机构的服务品质，推动纳入国际医疗保险体系。

中药产品海外注册项目

搭建中药海外注册的公共服务平台，支持100种成熟的中药产品以药品、保健品、功能食品等多种方式在沿线国家进行注册，进入沿线国家医疗卫生体系，不断完善销售渠道，形成知名品牌，扩大国际市场份额。

（三）民心相通，加强与沿线国家人文交流

开展中医药公共外交，以中医药为载体传播中华传统文化，用国际化语言讲述中国故事，促进中医药文化在沿线国家传播与推广，将中医药打造成中国在国际舞台的一张亮丽名片。优化中医药对外教育结构、提高教育质量，鼓励中医药高等院校、社会团体等机构与沿线著名大学合作，将中医药学科建设纳入沿线高等教育体系。面向沿线国家开展中医药学历教育、短期培训和进修，提高沿线中医药从业人员的素质和水平。

专栏3　中医药国际教育及文化传播体系建设

与沿线国家合作办学项目

与沿线知名大学合作办学，将中医药纳入沿线国家高等教育体系，扩大中医药在沿线国家的学历教育和继续教育规模，提升教学质量。在条件成熟的沿线国家开设更多的中医孔子学院。

中医药国际教育基地项目

遴选一批具备条件的中医药高等院校，面向沿线国家开展中医药学历教育、短期培训以及临床实习。加强海外中医医师规范化培训，提高服务能力和诊疗水

平。支持中医药院校开展非学历远程教育。

中医药国际文化传播项目

积极利用驻外使领馆、中医药海外中心、孔子学院和海外中国文化中心等多种平台，举办大型中医药文化展览、义诊、健康讲座和科普宣传活动，制作中医药国际宣传材料，促进沿线民众对中医药理论和医疗保健服务作用的了解与认同。

（四）科技联通，推动中医药传承创新

支持中医医疗机构、科研院所、高等院校和中药企业与沿线一流机构开展科技合作，建立协同创新机制和合作平台，运用现代科学技术和中医药传统研究方法，开展多领域、跨学科联合攻关，加强中医药领域国际科技合作，并转化为产品、技术和服务。遵照国际标准制定规则，充分借助世界卫生组织和国际标准化组织等平台，研究制定符合中医药特点的疾病诊断、治疗方法、疗效评价、质量控制等国际标准和规范，在沿线国家推广应用。优化中医药知识产权公共服务，加强中药资源和中医药知识产权保护。

专栏4　中医药国际科技体系建设

高层次中医药国际科技合作项目

支持中医药科研机构和高等院校与沿线国家共建联合实验室或研究中心，利用国际先进的现代科学技术和方法，进行科研大协作，开展中医药基础理论、临床和中药产品等重点领域研究。针对沿线国家常见病、多发病、重大疾病，开展中医药循证医学研究，为中医药进入沿线国家主流医药市场发挥支撑引领作用。

中医药国际标准化项目

以世界卫生组织国际疾病分类代码传统医学章节（ICTM）项目和国际标准化组织中医药技术委员会（ISO/TC249）平台为重点，围绕中医、中药材、中药产品、中医药医疗器械设备、中医药名词术语与信息学等领域颁布20项国际标准，并开展采标、认证、推广等合作。

（五）贸易畅通，发展中医药健康服务业

充分利用“互联网+”等新兴业态，加强供给侧改革，建立以沿线市场需求为导向的中医药贸易促进体系和国际营销体系。拓展中医药服务贸易市场，发挥中医药医疗保健、教育培训等传统服务贸易领域的规模优势，支持在海内外设立中医药服务贸易机构，巩固传统市场，挖掘服务出口潜力，提高新兴国家市场占比。支持有实力的中药企业通过新设、并购、租赁、联合投资等方式在沿线国家建立子公司或分公司，构建跨国营销网络，建设中医药物流配送中心和经济联盟。利用多边、双边自由贸易区谈判，推动中医药产品和服务贸易发展。

专栏5　中医药国际贸易体系建设

中医药服务贸易项目

建立以跨境支付、境外消费、商业存在和自然人移动四种模式协调发展的中医药服务贸易体系，扶持一批市场优势明显、具有发展前景的中医药服务贸易示范项目，建设一批特色突出、能够发挥引领辐射作用的中医药服务贸易骨干机构，创建若干个综合实力强、国际影响力突出的中医药服务贸易重点区域。

中医药健康旅游项目

整合中医药医疗机构、养生保健机构、生产企业等资源，建设以中医药文化传播和体验为主题，融中医医疗、养生、康复、养老、文化传播、商务会展、中药材科考与旅游于一体的10个中医药健康旅游示范区、100个示范基地和1 000个示范项目。

中医药参与中外自贸区谈判项目

积极参与中外自贸区谈判，推动将中医药纳入中外自贸协定内容，扩大沿线国家对中医药的市场开放，降低对中医药服务和产品的准入壁垒。

四、保障措施

（一）完善政策机制

建立多部门协调机制，推动将“一带一路”中医药建设纳入国家外交、卫

生、科技、文化、贸易等发展战略中，制定扶持政策，实施优惠措施，为中医药与“一带一路”沿线国家合作提供强有力的政策保障。推动将中医药合作纳入与沿线国家多、双边合作机制，加强与沿线国家在传统医药、中医药相关法律法规、政策措施等领域信息交流，加大政府间磋商力度，推动沿线国家放宽对中医药服务及产品的准入限制。

（二）加大金融财税支持

充分发挥丝路基金作用，对中医药“一带一路”建设项目给予支持。鼓励国家政策性银行在业务范围内为符合条件的中医药服务出口项目提供信贷支持。鼓励社会资本积极参与中医药“一带一路”建设，以多种形式成立中医药“一带一路”基金。支持保险公司对中医药“一带一路”建设项目和服务出口项目提供保险服务，鼓励保险资金参与中医药“一带一路”建设项目。建设以各类中医药机构为主体、以项目为基础、各类基金为引导、社会各界广泛参与的多元化投融资模式。符合条件的经认定为高新技术企业的中医药骨干企业可按税收法律法规规定，减按 15% 的税率征收企业所得税。对企业从事中药材的种植、牧畜、家禽的饲养以及濒危野生动植物养殖（种植）等项目所得，可按税收法律法规规定减免企业所得税。

（三）强化人才队伍建设

通过多种途径和渠道，培养一批中医药基本功扎实、熟练使用外国语言、熟悉国际规则的复合型人才。加强海外高层次人才的引进，聘请有国际交流与合作经验及影响力的专家、知名人士作为中医药对外交流与合作顾问，推动建设中医药对外交流合作专家智库。有针对性地选派优秀人才到国际组织任职锻炼，建设国际人才梯队，逐步打造一支高素质的国际人才队伍。

（四）加强组织实施

发挥推进“一带一路”建设工作领导小组和国家中医药工作部际联席会议制度作用，制定任务分工方案，协调解决重大问题，加强对政策落实的指导、督促和检查。地方各级政府要将中医药“一带一路”工作纳入经济社会发展规划，加强组织领导，健全统筹协调机制和工作机制，制定具体实施方案，鼓励相关机构开展中医药“一带一路”合作，实现各地方分工协作、错位协调发展态势。

附录三

中医药健康服务发展规划（2015—2020年）

中医药（含民族医药）强调整体把握健康状态，注重个体化，突出治未病，临床疗效确切，治疗方式灵活，养生保健作用突出，是我国独具特色的健康服务资源。中医药健康服务是运用中医药理念、方法、技术维护和增进人民群众身心健康的活动，主要包括中医药养生、保健、医疗、康复服务，涉及健康养老、中医药文化、健康旅游等相关服务。充分发挥中医药特色优势，加快发展中医药健康服务，是全面发展中医药事业的必然要求，是促进健康服务业发展的重要任务，对于深化医药卫生体制改革、提升全民健康素质、转变经济发展方式具有重要意义。为贯彻落实《中共中央 国务院关于深化医药卫生体制改革的意见》《国务院关于扶持和促进中医药事业发展的若干意见》（国发〔2009〕22号）和《国务院关于促进健康服务业发展的若干意见》（国发〔2013〕40号），促进中医药健康服务发展，制定本规划。

一、总体要求

（一）指导思想

以邓小平理论、“三个代表”重要思想、科学发展观为指导，深入贯彻党的十八大和十八届二中、三中、四中全会精神，按照党中央、国务院决策部署，在切实保障人民群众基本医疗卫生服务需求的基础上，全面深化改革，创新服务模式，鼓励多元投资，加快市场培育，充分释放中医药健康服务潜力和活力，充分激发并满足人民群众多层次多样化中医药健康服务需求，推动构建中国特色健康服务体系，提升中医药对国民经济和社会发展的贡献率。

（二）基本原则

以人为本，服务群众。把提升全民健康素质作为中医药健康服务发展的出发点和落脚点，区分基本和非基本中医药健康服务，实现两者协调发展，切实维护人民群众健康权益。

政府引导，市场驱动。强化政府在制度建设、政策引导及行业监管等方面的职责。发挥市场在资源配置中的决定性作用，充分调动社会力量的积极性和创造性，不断增加中医药健康服务供给，提高服务质量和效率。

中医为体，弘扬特色。坚持中医药原创思维，积极应用现代技术方法，提升中医药健康服务能力，彰显中医药特色优势。

深化改革，创新发展。加快科技转化，拓展服务范围，创新服务模式，建立可持续发展的中医药健康服务发展体制机制。

（三）发展目标

到2020年，基本建立中医药健康服务体系，中医药健康服务加快发展，成为我国健康服务业的重要力量和国际竞争力的重要体现，成为推动经济社会转型发展的重要力量。

—中医药健康服务提供能力大幅提升。中医医疗和养生保健服务网络基本健全，中医药健康服务人员素质明显提高，中医药健康服务领域不断拓展，基本适应全社会中医药健康服务需求。

—中医药健康服务技术手段不断创新。以中医药学为主体，融合现代医学及其他学科的技术方法，创新中医药健康服务模式，丰富和发展服务技术。

—中医药健康服务产品种类更加丰富。中医药健康服务相关产品研发、制造与流通规模不断壮大。中药材种植业绿色发展和相关制造产业转型升级明显加快，形成一批具有国际竞争力的中医药企业和产品。

—中医药健康服务发展环境优化完善。中医药健康服务政策基本健全，行业规范与标准体系不断完善，政府监管和行业自律机制更加有效，形成全社会积极支持中医药健康服务发展的良好氛围。

二、重点任务

（一）大力发展中医养生保健服务

支持中医养生保健机构发展。支持社会力量举办规范的中医养生保健机构，培育一批技术成熟、信誉良好的知名中医养生保健服务集团或连锁机构。鼓励中医医疗机构发挥自身技术人才等资源优势，为中医养生保健机构规范发展提供支持。

规范中医养生保健服务。加快制定中医养生保健服务类规范和标准，推进各类机构根据规范和标准提供服务，形成针对不同健康状态人群的中医健康干预方案或指南（服务包）。建立中医健康状态评估方法，丰富中医健康体检服务。推广太极拳、健身气功、导引等中医传统运动，开展药膳食疗。运用云计算、移动互联网、物联网等信息技术开发智能化中医健康服务产品。为居民提供融中医健康监测、咨询评估、养生调理、跟踪管理于一体，高水平、个性化、便捷化的中医养生保健服务。

开展中医特色健康管理。将中医药优势与健康管理结合，以慢性病管理为重点，以治未病理念为核心，探索融健康文化、健康管理、健康保险为一体的中医健康保障模式。加强中医养生保健宣传引导，积极利用新媒体传播中医药养生保健知识，引导人民群众更全面地认识健康，自觉培养健康生活习惯和精神追求。加快制定信息共享和交换的相关规范及标准。鼓励保险公司开发中医药养生保健、治未病保险以及各类医疗保险、疾病保险、护理保险和失能收入损失保险等商业健康保险产品，通过中医健康风险评估、风险干预等方式，提供与商业健康保险产品相结合的疾病预防、健康维护、慢性病管理等中医特色健康管理服务。指导健康体检机构规范开展中医特色健康管理业务。

专栏 1　中医养生保健服务建设项目

治未病服务能力建设

在中医医院及有条件的综合医院、妇幼保健院设立治未病中心，开展中医健康体检，提供规范的中医健康干预服务。

中医特色健康管理合作试点

建立健康管理组织与中医医疗、体检、护理等机构合作机制，在社区开展试点，形成中医特色健康管理组织、社区卫生服务中心与家庭、个人多种形式的协调互动。

加强中医养生保健机构、人员、技术、服务、产品等规范管理，提升服务质量和水平。

（二）加快发展中医医疗服务

鼓励社会力量提供中医医疗服务。建立公立中医医疗机构为主导、非公立中医医疗机构共同发展，基层中医药服务能力突出的中医医疗服务体系。通过加强重点专科建设和人才培养、规范和推进中医师多点执业等措施，支持社会资本举办中医医院、疗养院和中医诊所。鼓励有资质的中医专业技术人员特别是名老中医开办中医诊所，允许药品经营企业举办中医坐堂医诊所。鼓励社会资本举办传统中医诊所。

创新中医医疗机构服务模式。转变中医医院服务模式，推进多种方法综合干预，推动医疗服务从注重疾病治疗转向注重健康维护，发展治未病、康复等服务。支持中医医院输出管理、技术、标准和服务产品，与基层医疗卫生机构组建医疗联合体，鼓励县级中医医院探索开展县乡一体化服务，力争使所有社区卫生服务机构、乡镇卫生院和70%的村卫生室具备中医药服务能力。推动中医门诊部、中医诊所和中医坐堂医诊所规范建设和连锁发展。

专栏2　中医医疗服务体系建设项目

中医专科专病防治体系建设

建立由国家、区域和基层中医专科专病诊疗中心三个层次构成的中医专科专病防治体系。优化诊疗环境，提高服务质量，开展科学研究，发挥技术辐射作用。

基层中医药服务能力建设

在乡镇卫生院、社区卫生服务中心建设中医临床科室集中设置、多种中医药方法和手段综合使用的中医药特色诊疗区，规范中医诊疗设备配备。加强基层医疗卫生机构非中医类医生、乡村医生中医药适宜技术培训。针对部分基层常见病种，推广实施中药验方，规范中药饮片的使用和管理。

非营利性民营中医医院建设

鼓励社会资本举办肛肠、骨伤、妇科、儿科等非营利性中医医院；发展中医特色突出的康复医院、老年病医院、护理院、临终关怀医院等医疗机构。

民族医药特色健康服务发展

支持发展民族医特色专科。支持具备条件的县级以上藏、蒙、维、傣、朝、壮、哈萨克等民族自治地方设置本民族医医院。规范发展民族医药健康服务技术，在基层医疗卫生服务机构推广应用。

（三）支持发展中医特色康复服务

促进中医特色康复服务机构发展。各地根据康复服务资源配置需求，设立中医特色康复医院和疗养院，加强中医医院康复科建设。鼓励社会资本举办中医特色康复服务机构。

拓展中医特色康复服务能力。促进中医技术与康复医学融合，完善康复服务标准及规范。推动各级各类医疗机构开展中医特色康复医疗、训练指导、知识普及、康复护理、辅具服务。建立县级中医医院与社区康复机构双向转诊机制，在社区康复机构推广适宜中医康复技术，提升社区康复服务能力和水平，让群众就近享有规范、便捷、有效的中医特色康复服务。

专栏3　中医特色康复服务能力建设项目

中医特色康复服务能力建设

根据区域卫生规划，加强中医特色康复医院和中医医院康复科服务能力建设。支持县级中医医院指导社区卫生服务中心、乡镇卫生院、残疾人康复中心、工伤康复中心、民政康复机构、特殊教育学校等机构，开展具有中医特色的社区康复服务。

（四）积极发展中医药健康养老服务

发展中医药特色养老机构。鼓励新建以中医药健康养老为主的护理院、疗养院。有条件的养老机构设置以老年病、慢性病防治为主的中医诊室。推动中医医院与老年护理院、康复疗养机构等开展合作。

促进中医药与养老服务结合。二级以上中医医院开设老年病科，增加老年病床数量，开展老年病、慢性病防治和康复护理，为老年人就医提供优先优惠服务。支持养老机构开展融合中医特色健康管理的老年人养生保健、医疗、康复、护理服务。有条件的中医医院开展社区和居家中医药健康养老服务，为老年人建立健康档案，建立医疗契约服务关系，开展上门诊视、健康查体、保健咨询等服务。

专栏 4　中医药健康养老服务试点项目

中医药与养老服务结合试点

开展中医药与养老服务结合试点，探索形成中医药与养老服务结合的主要模式和内容。包括：发展中医药健康养老新机构，以改建转型和社会资本投入新建为主，设立以中医药健康养老为主的护理院、疗养院；探索中医医院与养老机构合作新模式，延伸提供社区和居家中医药健康养老服务；创新老年人中医特色健康管理，研究开发多元化、多层次的中医药健康管理服务包，发展养老服务新业态；培育中医药健康养老型人才，依托院校、中医医疗预防保健机构建立中医药健康养老服务实训基地，加强老年家政护理人员中医药相关技能培训。

（五）培育发展中医药文化和健康旅游产业

发展中医药文化产业。发掘中医药文化资源，优化中医药文化产业结构。创作科学准确、通俗易懂、贴近生活的中医药文化科普创意产品和文化精品。发展数字出版、移动多媒体、动漫等新兴文化业态，培育知名品牌和企业，逐步形成中医药文化产业链。依据《中国公民中医养生保健素养》开展健康教育。将中医药知识纳入基础教育。借助海外中国文化中心、中医孔子学院等平台，推动中医药文化国际传播。

发展中医药健康旅游。利用中医药文化元素突出的中医医疗机构、中药企业、名胜古迹、博物馆、中华老字号名店以及中药材种植基地、药用植物园、药膳食疗馆等资源，开发中医药特色旅游路线。建设一批中医药特色旅游城镇、度假区、文化街、主题酒店，形成一批与中药科技农业、名贵中药材种植、田园风情生态休闲旅游结合的养生体验和观赏基地。开发中医药特色旅游商品，打造中医药健康旅游品牌。支持举办代表性强、发展潜力大、符合人民群众健康需求的中医药健康服务展览和会议。

专栏5　中医药文化和健康旅游产业发展项目

中医药文化公共设施建设

加强中医药文化全媒体传播与监管评估。建设一批中医药文化科普宣传教育基地。依托现有公园设施，引入中医药健康理念，推出一批融健康养生知识普及、养生保健体验、健康娱乐于一体的中医药文化主题园区。

中医药文化大众传播工程

推进中医中药中国行活动。通过中医药科普宣传周、主题文化节、知识技能竞赛、中医药文化科普巡讲等多种形式，提高公众中医养生保健素养。建设中医药文化科普队伍，深入研究、挖掘、创作中医药文化艺术作品，开展中医药非物质文化遗产传承与传播。

中医药健康旅游示范区建设

发挥中医药健康旅游资源优势，整合区域内医疗机构、中医养生保健机构、养生保健产品生产企业等资源，引入社会力量，打造以中医养生保健服务为核心，融中药材种植、中医医疗服务、中医药健康养老服务为一体的中医药健康旅游示范区。

（六）积极促进中医药健康服务相关支撑产业发展

支持相关健康产品研发、制造和应用。鼓励研制便于操作使用、适于家庭或个人的健康检测、监测产品以及自我保健、功能康复等器械产品。通过对接研发与使用需求，加强产学研医深度协作，提高国际竞争力。发展中医药健康服务产业集群，形成一批具有国际影响力的知名品牌。

促进中药资源可持续发展。大力实施中药材生产质量管理规范（GAP），扩大中药材种植和贸易。促进中药材种植业绿色发展，加快推动中药材优良品种筛选和无公害规范种植，健全中药材行业规范，加强中药资源动态监测与保护，建设中药材追溯系统，打造精品中药材。开展中药资源出口贸易状况监测与调查，保护重要中药资源和生物多样性。

大力发展第三方服务。开展第三方质量和安全检验、检测、认证、评估等服务，培育和发展第三方医疗服务认证、医疗管理服务认证等服务评价模式，建立和完善中医药检验检测体系。发展研发设计服务和成果转化服务。发挥省级药品集中采购平台作用，探索发展中医药电子商务。

专栏6　中医药健康服务相关支撑产业重点项目

协同创新能力建设

以高新技术企业为依托，建设一批中医药健康服务产品研发创新平台，促进产品的研发及转化。

中医药健康产品开发

加强中医诊疗设备、中医健身产品、中药、保健食品研发，重点研发中医健康识别系统、智能中医体检系统、经络健康辨识仪等中医健康辨识、干预设备；探索发展用于中医诊疗的便携式健康数据采集设备，与物联网、移动互联网融合，发展自动化、智能化的中医药健康信息服务。

第三方平台建设

扶持发展第三方检验、检测、认证、评估及相应的咨询服务机构，开展质量检测、服务认证、健康市场调查和咨询服务。支持中医药技术转移机构开展科技成果转化。

中药资源动态监测信息化建设

提供中药资源和中药材市场动态监测信息。

（七）大力推进中医药服务贸易

吸引境外来华消费。鼓励有条件的非公立中医医院成立国际医疗部或外宾服务部，鼓励社会资本提供多样化服务模式，为境外消费者提供高端中医医疗保健服务。全面推进多层次的中医药国际教育合作，吸引更多海外留学生来华接受学历教育、非学历教育、短期培训和临床实习。整合中医药科研优势资源，为境外机构提供科研外包服务。

推动中医药健康服务走出去。扶持优秀中医药企业和医疗机构到境外开办中医医院、连锁诊所等中医药服务机构，建立和完善境外营销网络。培育一批国际市场开拓能力强的中医药服务企业或企业集团。鼓励中医药院校赴境外办学。鼓励援外项目与中医药健康服务相结合。

专栏7　中医药服务贸易重点项目

中医药服务贸易先行先试

扶持一批市场优势明显、具有发展前景的中医药服务贸易重点项目，建设一批特色突出、能够发挥引领辐射作用的中医药服务贸易骨干企业（机构），创建若干个综合实力强、国际影响力突出的中医药服务贸易重点区域。发展中医药医疗保健、教育培训、科技研发等服务贸易，开发国际市场。

中医药参与“一带一路”建设

遴选可持续发展项目，与丝绸之路经济带、21世纪海上丝绸之路沿线国家开展中医药交流与合作，提升中医药健康服务国际影响力。

民族医药健康产业区

以丝绸之路经济带、中国-东盟（10+1）、澜沧江-湄公河对话合作机制、大湄公河次区域等区域次区域合作机制为平台，在边境地区建设民族医药产业区，提升民族医医疗、保健、健康旅游、服务贸易等服务能力，提高民族医药及相关产品研发、制造能力。

三、完善政策

（一）放宽市场准入

凡是法律法规没有明令禁入的中医药健康服务领域，都要向社会资本开放，并不断扩大开放领域；凡是对本地资本开放的中医药健康服务领域，都要向外地资本开放。对于社会资本举办仅提供传统中医药服务的传统中医诊所、门诊部，医疗机构设置规划、区域卫生发展规划不作布局限制。允许取得乡村医生执业证书的中医药一技之长人员，在乡镇和村开办只提供经核准的传统中医诊疗服务的传统中医诊所。

（二）加强用地保障

各地依据土地利用总体规划和城乡规划，统筹考虑中医药健康服务发展需要，扩大中医药健康服务用地供给，优先保障非营利性中医药健康服务机构用地。在城镇化建设中，优先安排土地满足中医药健康服务机构的发展需求。按相关规定配置中医药健康服务场所和设施。支持利用以划拨方式取得的存量房产和原有土地兴办中医药健康服务机构，对连续经营 1 年以上、符合划拨用地目录的中医药健康服务项目，可根据规定划拨土地办理用地手续；对不符合划拨用地条件的，可采取协议出让方式办理用地手续。

（三）加大投融资引导力度

政府引导、推动设立由金融和产业资本共同筹资的健康产业投资基金，统筹支持中医药健康服务项目。拓宽中医药健康服务机构及相关产业发展融资渠道，鼓励社会资本投资和运营中医药健康服务项目，新增项目优先考虑社会资本。鼓励中医药企业通过在银行间市场交易商协会注册发行非金融企业债务融资工具融资。积极支持符合条件的中医药健康服务企业上市融资和发行债券。扶持发展中医药健康服务创业投资企业，规范发展股权投资企业。加大对中医药服务贸易的外汇管理支持力度，促进海关通关便利化。鼓励各类创业投资机构和融资担保机构对中医药健康服务领域创新型新业态、小微企业开展业务。

（四）完善财税价格政策

符合条件、提供基本医疗卫生服务的非公立中医医疗机构承担公共卫生服务任务，可以按规定获得财政补助，其专科建设、设备购置、人员培训可由同级政府给予支持。加大科技支持力度，引导关键技术开发及产业化。对参加相关职业培训和职业技能鉴定的人员，符合条件的按规定给予补贴。企业、个人通过公益性社会团体或者县级以上人民政府及其部门向非营利性中医医疗机构的捐赠，按照税法及相关税收政策的规定在税前扣除。完善中医药价格形成机制，非公立中医医疗机构医疗服务价格实行市场调节价。

四、保障措施

（一）加强组织实施

各地区、各有关部门要高度重视，把发展中医药健康服务摆在重要位置，统筹协调，加大投入，创造良好的发展环境。中医药局要发挥牵头作用，制定本规划实施方案，会同各有关部门及时研究解决规划实施中的重要问题，加强规划实施监测评估。发展改革、财政、民政、人力资源社会保障、商务、文化、卫生计生、旅游等部门要各司其职，扎实推动落实本规划。各地区要依据本规划，结合实际，制定本地区中医药健康服务发展规划，细化政策措施，认真抓好落实。

（二）发挥行业组织作用

各地区、各有关部门要支持建立中医药健康服务行业组织，通过行政授权、购买服务等方式，将适宜行业组织行使的职责委托或转移给行业组织，强化服务监管。发挥行业组织在行业咨询、标准制定、行业自律、人才培养和第三方评价等方面的重要作用。

（三）完善标准和监管

以规范服务行为、提高服务质量、提升服务水平为核心，推进中医药健康服务规范和标准制修订工作。对暂不能实行标准化的领域，制定并落实服务承诺、公约、规范。建立标准网上公告制度，发挥标准在发展中医药健康服务中的引领和支撑作用。

建立健全中医药健康服务监管机制，推行属地化管理，重点监管服务质量，严肃查处违法行为。建立不良执业记录制度，将中医药健康服务机构及其从业人员诚信经营和执业情况纳入统一信用信息平台，引导行业自律。在中医药健康服务领域引入认证制度，通过发展规范化、专业化的第三方认证，推进中医药健康

服务标准应用，为政府监管提供技术保障和支撑。

专栏8　中医药健康服务标准化项目

中医药健康服务标准制定

制定中医药健康服务机构、人员、服务、技术产品标准，完善中医药健康服务标准体系。推进中医药健康服务标准国际化进程。建立中医药健康服务标准公告制度，加强监测信息定期报告、评价和发布。

中医药健康服务标准应用推广

依托中医药机构，加强中医药健康服务标准应用推广。发挥中医药学术组织、行业协会等社会组织的作用，采取多种形式开展面向专业技术人员的中医药标准应用推广培训，推动中医药标准的有效实施。

中医药服务贸易统计体系建设

制订符合中医药特点的统计方式和统计体系，完善统计信息报送和发布机制。

（四）加快人才培养

推动高校设立健康管理等中医药健康服务相关专业，拓宽中医药健康服务技术技能人才岗位设置，逐步健全中医药健康服务领域相关职业（工种）。促进校企合作办学，着力培养中医临床紧缺人才和中医养生保健等中医药技术技能人才。规范并加快培养具有中医药知识和技能的健康服务从业人员，探索培养中医药健康旅游、中医药科普宣传、中医药服务贸易等复合型人才，促进发展中医药健康服务与落实就业创业相关扶持政策紧密衔接。

改革中医药健康服务技能人员职业资格认证管理方式，推动行业协会、学会有序承接中医药健康服务水平评价类职业资格认定具体工作，建立适应中医药健康服务发展的职业技能鉴定体系。推进职业教育学历证书和职业资格证书“双证书”制度，在符合条件的职业院校设立职业技能鉴定所（站）。

专栏9　中医药健康服务人力资源建设项目

中医药优势特色教育培训

依托现有中医药教育资源，加强中医药健康服务教育培训，培养一批中医药健康服务相关领域领军（后备）人才、骨干人才和师资。

中医药职业技能培训鉴定体系建设

拓宽中医药健康服务技术技能型人才岗位设置，制定中医药行业特有工种培训职业技能标准，加强中医药行业特有工种培训，推动行业协会、学会有序承接中医药健康服务水平评价类职业资格认定具体工作。

（五）营造良好氛围

加强舆论引导，营造全社会尊重和保护中医药传统知识、重视和促进健康的社会风气。支持广播、电视、报刊、网络等媒体开办专门的节目栏目和版面，开展中医药文化宣传和知识普及活动。弘扬大医精诚理念，加强职业道德建设，不断提升从业人员的职业素质。开展中医药养生保健知识宣传，应当聘请中医药专业人员，遵守国家有关规定，坚持科学精神，任何组织、个人不得对中医药作虚假、夸大宣传，不得以中医药名义谋取不正当利益。依法严厉打击非法行医和虚假宣传中药、保健食品、医疗机构等违法违规行为。